처음읽는
술의
세계사

SHITTE OKITAI「SAKE」NO SEKAISHI

© Masakatsu MIYAZAKI 2007
First published in Japan in 2007 by KADOKAWA CORPORATION, Tokyo.
Korean translation rights arranged with KADOKAWA CORPORATION, Tokyo
through ENTERS KOREA CO., LTD.

한 잔 술에 담긴 인류 역사 이야기

처음읽는

술의
세계사

미야자키 마사카츠 지음 | 정세환 옮김

탐나는책

차례

전 세계의 술을 구분하는 법

단골 바의 바텐더가 한바탕 그리스의 술 '우조'를 설명한 후, "술로 세계사를 이야기할 수 있을까요?"라고 한마디 툭 던졌다. 카운터 안쪽에 서 있는 선반으로 눈을 돌리자 스카치, 버번, 캐나디안 클럽, 코냑, 보드카, 럼, 와인 등 세계 각지의 술이 어깨를 나란히 사이좋게 진열되어 있었다. 나는 '술에도 생생한 세계의 역사가 있을 수 있겠구나'라는 신선한 생각이 들었다.

바는 언제나 인터내셔널, 아니 요즘말로 하면 글로벌하다. 남아 있는 기록이 그렇게 많지는 않지만 술 종류는 무수히 많고 역사도 길다. 그리고 지금 이 세상에는 인간의 근심만큼이라고는 말할 수 없겠지만, 각양각색의 술이 존재한다. 잔에 채워진 술을 주인공 삼아 인류의 역사를 되짚어보고 싶었다.

물론 술은 사람이 만들고 사람이 마시는 것이다. 일본어로 술 자체를 뜻하거나 일반적으로 일본 청주를 부르는 말인 '사케'의 어원과 관련한 설을 살펴보자. 사케는 '사카에노미즈(栄之水)'나 '사카에노키(栄のキ, 'キ'는 술의 옛말)'와 같은 문구에서 신을 뜻하던 사카에(栄)란 말이 변한 것이라는 설과 '나쁜 기운을 피한다(避ける, 사케루)'는 의미에서 나온 말이라는 설 등이 있지만, 정확히는 알 수 없다. 중요한 것은 어떤 이야기에서든 사케를 긍정적으로 인식한다는 점이다. 중국에서도 술을 '하늘이 내려준 아름다운 선물(美祿, 미록)'이라고 불렀다는 기록이 있다.

먼저 무수히 많은 전 세계의 술을 정리해보면, ① 효모가 당분을 알코올 발효시킨 '양조주', ② 양조주를 증류시켜 알코올 순도를 높인 '증류주', ③ 증류주 등에 허브, 향신료 등을 섞은 리큐어 즉 '혼성주', 이 세 가지로 나뉜다. 양조주는 증류기를 사용하지 않는 데 반해 증류주와 혼성주는 증류기를 통과시킨 술이 기본이 된다. 그러나 어떤 종류의 술이든 술을 만드는 재료는 효모라는 미생물이고, 인간은 발효의 장을 마련해주는 것뿐이다.

모든 술은 지름 1/200mm 정도 크기의 미생물인 효모를 통해 당분 분해, 즉 알코올 발효를 거쳐 탄생한다. 술은 신비적인 자연의 섭리로 만들어진다고 여겨왔으나, 미시적으로 보면 일종의 농업이라고도 할 수 있다. 자연계에 있는 특별한 미생물 효모의 작용을 경험적으로 이해한 인류가 효모를 증식시켜 효과적으로 이용한 것이다.

술 문화의 다섯 가지 선반

생활 속에서 발효라는 신비로운 현상을 깨달은 인류는 다양한 술을 손에 넣을 수 있게 되었다. 시대가 지남에 따라 술 제조법은 세련되게 발전하였고, 그 종류도 늘어났다.

세계사는 ① 장기간에 걸친 수렵과 채집 시기, ② 농경의 시작과 도시 출현 시기, ③ 유라시아 여러 문화 간 교류 시기(7~14세기), ④ 대항해 시대, 즉 신구 양 대륙의 교류 시기(15~16세기), ⑤ 산업혁명 이후의 시기 등으로 구분할 수 있는데, 술 문화의 변모 과정도 그대로 겹쳐진다.

간단히 스케치해보면 ①시기에는 포도, 야자, 꿀 등 자연계에 존재하는, 당분이 많은 소재를 발효시켜 양조주를 만들기 시작하였고, ②시기에는 곡물을 당화한 후 발효시켜 대량의 양조주를 만드는 기술이 개발되어 술이 대중화되었다. ③시기에는 9세기에 이슬람 세계에서 증류기 제조 기술이 개발되어 동서로 전해지면서 아락, 소주, 보드카, 위스키, 브랜디 등 여러 종류의 증류주가 탄생했다. ④시기에는 16세기의 신항로 개척 시대 이후 신대륙과 구대륙 간의 술 문화 교류가 활발해져, 바다 세계가 선사한 향신료, 과일 등이 술 문화와 얽혀 다양한 혼성주가 등장했다. 산업혁명 이후인 19세기 ⑤의 시기에는 연속 증류기가 출현하여 술의 대량 생산이 시작되고, 상품으로서 대규모 생산이 가능해진다. 20세기 이후에는 여러 종류의 술과 주스, 과일 등을 조합한 칵테일 시장이 성장하면서 종류가 다양해진다. 이른바 술 문화의 세계화가 이루어진 것이다.

시대에 따라 순차적으로 등장한 술 문화는 시간의 흐름 속에서 중첩되고 조합되어, 오늘날 세련되게 발전한 술의 세계로 완성되었다. 인류의 행보와 술의 역사를 함께 생각해보면, 술도 인류 문화의 한 부분임이 틀림없다.

인간을 신의 세계로 유혹한 술

인간은 술의 존재를 수렵 채집 시대부터 이미 알고 있었다. 발효는 자연계에서 일상적으로 볼 수 있는 미생물의 작용으로, 어느 때곤 일어난다. 각지에서 전해지는 술과 관련된 설화 중에 원숭이가 나무 구멍 속에 모아놓은 과일이 자연 발효되어 술이 되었더라는 '원숭이 술' 이야기가 있는데, 이를 통해 봐도 술은 우연히 발견된 것이라고 말할 수 있다. 인류가 최초로 만든 술은 '봉밀주'라는 설도 있지만, 확인할 수는 없다.

알코올 발효를 처음 접한 인간은 좋은 향기를 풍기며 썩어가는 액체를 머뭇거리며 조심스럽게 맛보았을 것이다. 다양한 생물이 기가 막힌 타이밍에 만나 알코올 세계의 문이 열린 순간이다. 취기라는 흥분된 기분을 알게 된 인간은 이 오묘한 액체에 매료되어 반드시 직접 만들어야겠다는 생각을 한다. 막상 시도해보자 발효의 장을 인공적으로 만드는 일이 그다지 어렵지 않았다. 예를 들어 당분을 풍부하게 함유한 포도는 용기에 넣어두기만 해도 껍질에 붙어 있는 천연 발효종이 작용해 자연스럽게 발효된다. 생태계에는 일상다반사로 부식이 일어나는데, 알코올 발효도 이러한 부패의 과정과 다르지 않다.

술이 선사하는 취기는 먼 옛날 사람들에게 이해할 수 없는 체험이었을 것이다. 쾌감, 환상, 환각, 현기증을 동반하면서, 사람들은 비일상적인 세계로 인도되었다. 사람은 취기라는 체험을 '신과 접했다'거나 '신이 되었다'라며, 신과 관련지어 해석할 수밖에 없었다. 그렇게 해야만 비일상적인 취기를 납득할 수 있었다.

원시 신앙에는 애니미즘(정령 숭배), 샤머니즘, 토테미즘 등이 있다. 그중 음주와 쉽게 연관시킬 수 있는 것이 샤머니즘이다. 샤머니즘이란, 특별한 사람(샤먼)에게 동물(이후에는 신)의 혼이 빙의되어 그의 입을 빌려 동물이나 신의 의지를 전달하는 신앙의 형태다. 샤먼에게 동물의 혼이나 신이 빙의되는 현상은, 인간의 신경을 일시적으로 흥분시켜 마비시키는 어떤 기호품이나 술을 매개로 설명할 수밖에 없다.

샤먼은 신이나 동물의 영(靈)이 내는 소리를 전달할 수 있는 특별한 능력을 가지고 있었는데, 샤먼이 무아지경에 빠진 상태(트랜스, Trance)에서 느끼는 황홀한 기분(엑스터시, ecstasy)은 취기에 동반되는 흥분 상태와 비슷했다. 사람들은 일상생활의 벽을 가볍게 넘나들게 하는 술이 주는 이 특별한 기분을 신의 세계로 가는 길이라고 생각했다. 참고로 샤먼은 숲에서 생활하는 퉁구스(Tungus)계 민족이 주술사를 일컬었던 사만이란 단어에서 유래했다.

일본에서는 서기 3세기 무렵, 귀도(鬼道)로 대중을 미혹했다고 전해지는 야마타이국의 히미코 여왕을 샤먼으로 추정한다.『삼국지 위서 동이전 왜인조(일명 위지왜인전)』에는 왜인(倭人)이 술을 매우 좋아해 장례를 치를 때도 술을 즐겨 마셨다는 기록이 있는데, 히미코는 어떤 술을 선호했을까? 야마타이국의 술에 대해서는 알 수 없으나, 조몬(繩文) 시대(기원전 13000년경부터 기원전 300년경까지 존재한 일본의 선사 시대-역주)에는 산포도 등을 발효시킨 술을 마셨다고 전해진다.

인드라 신을 용맹스럽게 만든 소마주

고대 인도의 종교인 바라문교의 성전『베다(Veda)』는 지금으로부터 3,000년 전에 쓰인 제사용 주문집이다. 바라문교에서는 많은 신들을 모시는데, 불의 신 아그니(Agni)와 함께 술의 신 소마(Soma)를 인간과 가장 친근한 신으로 여겼다. '소마'는 제사를 지낼 때 공물로 바치는 강력한 술임과 동시에 신격화된 신이기도 했다. 주신(主神)이자 뇌정벽력(雷霆霹靂, 격렬한 천둥과 벼락-역주)의 신이기도 한 인드라 신이 악귀 브리트라와 싸울 때 이 소마를 마시고 용솟음치는 용맹심을 얻어 브리트라를 무찔렀다고 한다. 소마는 신과 인간 모두에게 엄청난 에너지를 주는 원기 왕성한 음료였던 것이다.

소마는 순환하는 시간의 갱신을 꾀하는 소마제라는 축제에서 신에게 공물로 바쳐졌다. 술은 시간에도 활력을 주는 정력제로 간주되었다. 소마는 으깨고 압착하여 여과시킨 후에 물이나 우유에 섞어 제단을 밝히는 불에 뿌리고, 나머지는 신관들이 마셨다고 한다. 소마는 신관에게도 특별한 힘을 주는 음료였다.

소마의 정체는 아직 수수께끼에 쌓여 있다. 강한 흥분을 불러일으키는 성분을 함유한 식물의 줄기(아마 메꽃과 식물의 덩굴일 것이다)를 물에 불린 다음, 짜서 우유 등을 섞어 만든 술이라는 것이 정설이나, 봉밀주(미드, Mead)의 종류라거나 광대버섯을 쓴 것이라 설도 있어 정확히는 알 수 없다. 고대 페르시아에서 믿었던 조로아스터교에서 사용한 하오마(Haoma)도 같은 종류의 술이었다고 생각된다.

곡물주는 음식물 찌꺼기?

몸을 가눌 수 없을 정도로 술에 취했을 때의 좋은 기분을 알게 되자, 술을 더 이상 신관들이 독점하는 것은 불가능하게 되었다. 일반인의 일상생활에도 술이 침투되었다. 곡류에서 대량으로 술을 만들 수 있게 되자 단숨에 음주의 대중화가 진행되었다. 그러나 일상에서의 음주는 나태한 생활로 이어질 수 있다고 보아 천한 인습으로 여겼으며, 제사 중의 신성한 음주와 엄격하게 구분되었다.

『리그베다(Rigveda)』에는 보리, 쌀, 콩 등의 맥아를 쌀이나 보리죽과 섞어 발효시킨 '수라(Sura)'라는 세속적인 술이 등장한다. 수라는

'음식물 찌꺼기', '허위' 등으로 불리며, 경멸해야 할 대상으로 취급되었다. 특권층이 취기를 독점하며 그들의 권위를 유지하고 싶어 했기 때문일지도 모른다. 인도에서는 세속적 음주를 멸시하는 관습이 현재까지도 이어지고 있어, 음주는 환영받지 못한다. 현재에도 주마다 '드라이 데이(Dry day)'라는 금주일이 정해져 있을 정도이다. 인도인의 술 기피 현상은 약 2,000여 년 전에 만들어진 『마누(Manu) 법전』에 "수라주는 음식물 찌꺼기로 만들며, 이것을 죄라고 부른다. 고로 브라만, 크샤트리아, 바이샤는 수라주를 마셔서는 안 된다"라고 기록된 것에서 유래한다. 노예 신분인 수드라 계급에만 음주가 허용되었던 이유는 이 때문이었을까? 그렇다고 해도 인도에서 술을 혐오하는 독특한 가치관이 2,000년이나 이어져 온 사실을 생각하면, 새삼 종교의 저력이 무섭다. 술에 대한 이러한 인식은 고대 페르시아도 마찬가지였다. 영묘한 술 '하오마'는 신성한 술로 숭배되었으나, 일반 술은 악신(惡神) 아에슈마(Aeshma, '광폭'의 의미)가 가져온 것으로, 난폭한 행위를 유발하는 악마의 음료수로 낙인찍혀 있었다.

또한 인도의 고대 문헌에는 보리로 만드는 '코호라'라는 술도 등장한다. 일설에는 이슬람교도가 이 단어에 아라비아어의 정관사 '알(Al)'을 붙여 '알코올(Al-kohl)'이라는 말을 만들어 유럽으로 전했다고도 한다. 알코올의 어원은 확실히 아라비아어에서 왔지만, 콜(kohl)이란 말은 분말을 뜻하며 증류할 때 발생하는 정제물을 가리킨다는 설이 유력하다.

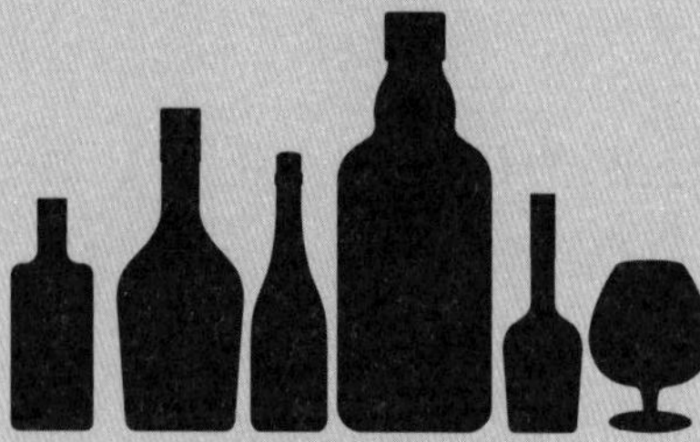

1장

술과의
행복한 만남

인류는 온대의 평야, 삼림 지대, 산악 지대, 건조 지대의 대
초원, 사막, 열대의 평야 등에서 쉽게 알코올 발효(Alcoholic
fermentation)가 되는 포도, 사과, 살구 등의 과실, 야자나 버섯
등의 수액과 꿀, 말이나 염소, 소 등 가축의 젖을 이용한 다양한
양조주를 만들었다. 자연계는 다양한 알코올 발효로 차고 넘치
게 되었다.

1

가장 오래된 술 봉밀주

다양한 풍토에서 얻을 수 있는 선물

지금으로부터 약 500만 년 전에 동아프리카 대지구대(大地溝帶)에서 탄생한 인류는 오랜 세월을 거쳐 지구 전역으로 확산되었고, 기후, 지형, 식생이 복잡하게 조합된 다양한 풍토를 기반으로 생활하게 되었다. 그리고 인류는 온대의 평야, 삼림 지대, 산악 지대, 건조 지대의 대초원, 사막, 열대의 평야 등에서 쉽게 알코올 발효(Alcoholic fermentation)가 되는 포도, 사과, 살구 등의 과실, 야자나 버섯 등의 수액과 꿀, 말이나 염소, 소 등 가축의 젖을 이용한 다양한 양조주를 만들었다. 자연계는 다양한 알코올 발효로 차고 넘치게 되었다.

각 문화와 문명에는 그들만의 술이 있는데, 직접 발견한 것도 있고 다른 지역으로부터 전파된 것도 있다. 술이 문화, 문명과 연결되는 과정은 다양하고, 양조법이 확립된 시기도 천차만별이다. 1장에서는 미드(Mead), 와인, 마유주(馬乳酒), 야자주에 대해 살펴보고자 한다.

재생과 성화의 술

인류는 자연계의 발효 현상에 익숙해지고 난 뒤, 드디어 인공적 발효에 성공하여 원하는 품질의 술을 만들 수 있게 되었다. 사실 효모는 특정한 조건만 맞는다면 발효를 시작하기 때문에 양조가 그렇게 어려운 작업은 아니었다. 인류는 포도, 사과, 버찌, 꿀, 말 젖 등 당분이 많은 소재를 술의 원료로 찾아내어 생활 속으로 발효를 끌어들였다. 사람들은 시행착오를 거듭하면서 양조 방법을 익혔고, 이윽고 술을 즐길 수 있게 되었다. 그러나 원료가 양적으로 충분하지는 않은 게 문제였다. 미드의 원료인 꿀을 만드는 성충 벌의 경우, 보통 6주 정도밖에 살지 못한다.

온대를 대표하는 술인 미드는 물에 녹인 꿀을 발효시켜 만든 밀봉주이다. 미드는 허브나 향신료를 첨가하는 '드라이 미드(Dry Mead)', 사과 과즙을 첨가하는 '시서(Cyser)', 잼을 첨가하는 '멜로멜(Melomel)' 등으로 다양하게 즐길 수 있다.

꿀은 벌이 꽃의 꿀을 모아 체내 효소로 분해한 액체다. 색깔이나 향기의 종류가 다양한 꿀은 예부터 포도당 외에 각종 비타민, 미네랄을 함유한 영양원으로 알려졌다. 스페인 북부의 알타미라 동굴 벽면에 꿀을 채취하는 정경이 그려져 있는 것으로 보아 15,000년 전경에 이미 꿀을 채취하고 있었다.

단, 봉밀주(蜂蜜酒)를 만들기에는 꿀의 당분 농도가 너무 진하기 때문에 그대로 발효시키지 않고 물을 넣어 세 배 정도로 희석시켜야 한다. 물을 넣은 후 일정 기간 방치해두기만 해도 봉밀주가 완성되므로 제조법은 정말 간단하다고 할 수 있다.

꿀은 방부 작용을 하기 때문에 재생과 관련된 물질로 간주되었다. 바빌로니아에서는 죽은 자를 꿀에 담가 두며 재생을 기원했다. 고대 이집트에서는 신관 등의 특권층만 꿀을 채취할 수 있었고, 고대 그리스의 주신인 제우스는 크레타섬의 동굴에서 요정 님프가 꿀과 염소 젖으로 키운 것으로 믿었다. 또한 고대 스칸디나비아인은 두개골로 만든 잔을 손에 든 주신인 오딘 앞에서 미드를 마시며 극락에서 소생하기를 기도했다.

신대륙에서도 멕시코 인디오 등이 옛날부터 종교 의식에 봉밀주를 사용했다고 한다. 어쨌든 간단하게 만들 수 있는 봉밀주야말로 인류가 마신 가장 오래된 술이라고 할 수 있다.

허니문의 본래 의미

꿀(Honey)에서 연상되는 말 중에 신혼을 뜻하는 허니문(honey moon, 밀월)이 있다. 이 단어는 봉밀주에서 온 말이지만, 지금은 봉밀

주보다 널리 알려진 일반 명사가 되었다.

고대부터 중세 초기까지 게르만 사회에서는 봉밀주를 맥주처럼 흔하게 마셨다. 그리고 결혼한 후에는 1개월 동안 외부 출입을 금하고 신부가 신랑에게 꿀을 마시게 하여 아이를 갖는 풍습이 있었는데, 여기서 허니문이라는 말이 생겨났다고 한다. 허니문은 꿀과 같은 한 달이라는 의미였다. 참고로 중세 게르만 사회에서는 음력의 1개월이 여성의 월경 주기와 같아 이 기간 동안 신랑과 신부가 사랑을 나누면 아이가 생긴다고도 믿었다.

확실히 꿀은 영양가가 1kg당 2940kcal에 이를 정도로 높아, 강장 작용이 있다. 미드도 자양 강장제로서 병을 앓고 난 후의 기력 회복이나 피로 회복을 위해 많이 마셨다. 꿀의 강장 작용이 주목을 받은 것에 더해, 벌의 다산성 역시 중시되었을 것이다. 젊은 꿀벌이 여왕벌이나 여왕벌의 유충에게 먹이려고 분비하는 로열젤리는, 여왕벌이 매일 2,000여 개의 알을 낳도록 하는 능력을 부여한다는 점에서 실로 대단하다. 허니문은 아무래도 신혼 생활이 꿀처럼 감미롭다는 의미만 있는 것은 아닌 것 같다.

2

과실주의 챔피언이 된 와인

복잡한 향기와 맛, 그리고 색

과실을 원료로 하는 술의 대표는 무엇보다도 서아시아에서 유럽에 이르기까지 널리 보급된 와인일 것이다. 와인은 현재 60개국 이상에서 만들어지고 있으며, 연간 생산량은 3,000만 kL 이상에 달한다고 한다. 와인 생산량은 맥주와 비교하면 약 1/5정도이지만, 그래도 엄청난 양이며 술 문화의 주역 중 하나가 되었다. 와인 소비량이 가장 많은 나라는 이탈리아와 프랑스이고, 이 두 나라에서만 실제로 세계 포도의 약 40%가 소비된다고 한다. 포도의 원산지는 카스피해 연안인데, 새가 씨를 물어 지중해 연안 등 각지로 운반한 것이 아닌가 싶다. 참고로 지중해 연안 각지의 포도 재배 기술은 페니키아인이 전해주었다고 한다.

포도로 만드는 과실주인 와인은 발효와 숙성 과정에서 풍기는 부케와 포도 자체로 인한 아로마 등으로 이루어진 복합적인 향기가 난다. 한 모금 넘기면 신맛, 단맛에 타닌 성분으로 인한 떫은맛까지 어우러진 복잡한 맛의 조화를 느낄 수 있다. 입 안에 퍼지는 풍부한 보디감에 아름다운 색이 조합된 와인은 오늘날 많은 사랑을 받으며 전 세계로 퍼져나갔다.

그러나 과거의 와인은 매우 지엽적인 술이었다. 이유는 원료인 포도 열매 때문이었다. 포도는 부패가 빠르기 때문에 와인 산지가 한정될 수밖에 없다. 와인을 양조하려면 성숙한 포도 열매를 파쇄한 뒤 신속하게 발효시켜야 한다. 포도의 장거리 운송은 어려운 일이었고, 와인은 산지에 밀착된 술이 될 수밖에 없었다. "와인은 풍토를 마시는 것이다"라는 속담은 이러한 와인의 특징을 단적으로 표현한 것이다.

피와 부활의 이미지

포도로 만드는 와인이 큰 인기를 끈 이유 중 하나는 선혈과도 같은 와인의 붉은색에 있다. 사람들은 와인의 선명한 색채에 마음을 빼앗길 수밖에 없었다. 본래라면 썩어서 바짝 말라버릴 운명의 포도가 부글부글한 거품을 내며 빨간 액체로 다시 태어나는 모습을 보면서, 고대 사람들은 피와 생명, 불사 등의 이미지를 떠올렸을 것이다.

와인 양조법은 흑해와 카스피해 사이에 있는 코카서스 지방에서 시작되어 주변 지역으로 전파되었다. 7,400년 전 이란 북부 자그로스(Zagros) 산맥에 자리한 하즈, 필즈, 테페 유적에서 출토된 항아리 파편에서 와인의 잔재가 발견되었다. 이후 와인은 기원전 6000년에서 기원전 4000년 사이에 메소포타미아와 고대 이집트로 전해졌다. 메소포타미아 문명의 수메르인은 와인을 '게슈틴(Geshtin)'이라고 불렀고, 신의 피라고 생각했다. 신이 자신의 피인 와인에 점토를 섞어 인간을 만들었는데, 와인이 혈액이 되어 점토로 만든 육체에 생기를 불어넣어 살아나게 했다고 한다.

고대 이집트에서는 태양신 라가 사람의 피를 탐하는 천공신 하토르(Hathor, 영리하고 용맹한 사자의 형상을 하고 있으며, 인간의 피와 육체를 탐하는 신으로 후에 아프로디테, 비너스로 모습을 바꾸어 숭배된다)로부터 사람들을 지키기 위해 피 색깔과 똑같은 와인을 만들었다고 설명했다.

땅의 신 게브와 하늘의 신 누트의 부적절한 관계로 낳은 자식이며, 지상계를 지배하는 호르스 신의 아버지이기도 한 농경의 신 오시리스가 와인을 만들었다는 설도 있다. 문화인류학자 프레이저(Frazer, 1854~1941)는 명저 『황금가지』에서 "오시리스는 땅의 왕으로서 다스리고, 이집트인을 야만인에서 교화시키고 율법을 주어 신들을 섬기도록 가르쳤다. 이집트인은 이전 시대까지 식인종이었다. 한편 오시리스의 여동생이며 동시에 그의 아내이기도 한 이시스는 보리와 밀이 야생에서 자라는 것을 발견했고, 오시리스는 이 곡물의 재배법을 백성에게 가르쳤다. 이후 백성들은 식인 습관을 버리고 자연스럽게 곡물식을 즐기게 되었다. 또한 오시리스는 나무에서 포도를 따서 선반에 올려 숙성한 뒤 열매를 밟아 술을 만든 최초의 인물로 알려져 있다. 그는 이러한 발견을 전 인류에게 전하려는 열정이 지나쳐 이집트 정치를 결국 아내인 이시스에게 위탁하고, 자신은 세계 방방곡곡을 떠돌며 가는 곳마다 문명과 농업의 축복을 전달했다"라고 기록했다.

겨울의 메마른 대지가 봄이 되어 옥야로 다시 태어나는 현상은 고대 사람들에게는 그야말로 감동적인 광경이었고, 이를 보고 죽었다 다시 태어나는 오시리스 신화가 탄생했다. 이러한 이미지가 와인의 제조 과정과 겹쳐지게 된 것이다.

이집트의 나크트 분묘 벽화에는 포도 따기부터 와인 만들기에 이르는 일련의 과정이 사실적으로 그려져 있는데, 이를 통해 4,000여 년 전에 이미 와인 제작이 보급되었음을 이해할 수 있다. 황금 마스크로 유명한 투탕카멘 왕(재위 기원전 1361~기원전 1352)의 부장품 항아리에서도 와인이 검출되었다고 한다.

와인의 신 디오니소스의 슬픈 사랑

와인 제조 기술은 이집트를 거쳐 크레타섬과 페니키아의 비블로스 등을 경유하여 지중해 주변 지역으로 전파되었다. 그리스에서는 송진을 바른 큰 나무통에서 포도를 발효시키고 허브, 향신료, 진한 바닷물을 넣어 와인으로 만든 뒤 동물 가죽이나 암포라라는 저장용 항아리에 넣어 판매했다. 암포라는 양쪽에 손잡이가 달려 있고 바닥 끝 쪽이 뾰족한 특이한 형태의 항아리로 말안장에 걸어 운반했다.

그리스인은 수확의 신 디오니소스를 와인의 신이자 명정(酩酊, 정신을 차리지 못할 정도로 술에 몹시 취함-역주)의 신이라고도 생각했다. 부활의 힘을 지닌 디오니소스의 피인 와인을 마시면 인간이 건강해지고, 포도가 와인으로 재생되는 소생의 힘을 얻어 풍작이 확실해진다고 믿었다.

말라서 죽은 뒤에 다시 새싹을 내고 잎이 풍성하게 자라는 식물을 종교적으로 상징화한 디오니소스를, 와인이 되어 다시 태어나는 포도에 비유한 것이다. 디오니소스는 매년 겨울에 죽고 봄에 소생하였는데, 주기적인 재생은 죽은 자의 부활과도 동일시되었다. 이 때문에 디오니소스 축제에서는 남자도 여자도 와인을 흠뻑 마시며 살아 있는 기쁨에 취했다. 디오니소스 축제는 그리스 사회 최대의 경사스러운 행사였다.

디오니소스에게는 다음과 같은 이야기가 전해진다. 각지를 떠돌던 디오니소스가 아테나 부근의 아티카에서 농부 이카리오스의 대접을 받고, 그 보답으로 포도 재배법과 와인 제조법을 가르쳐주었다. 곧바로 와인을 만든 이카리오스는 염소 가죽 주머니에 와인을 넣어 마을 사람들에게 나누어주었는데, 취기를 처음 경험하자 독을 마셨다고 오해한 마을 사람들이 이카리오스를 살해하였고, 그 딸은 비탄에 빠진 나머지 목을 매달았다. 전후 사정을 알게 된 디오니소스는 크게 화를 내며 마을에 있는 모든 딸들을 미치게 만들어 스스로 목을 매게 했다. 그제야 마을 사람들은 오해했다는 사실을 깨닫고, 자신들 때문에 억울하게 죽은 아버지와 딸을 공양했다. 이후 디오니소스도 노여움을 풀고 그 땅을 포도의 산지로 만들었다고 한다.

왕성한 소생의 힘을 지닌 디오니소스도 사랑에는 약했던 것 같다. 이런 가슴 아픈 전설도 있다. 디오니소스가 포도 재배법과 와인 제조법을 전하기 위해 각지를 돌아다닐 때, 아테네 에게해에 떠 있는 낙소스섬에서 근심 걱정이 가득한 아리아드네라는 미녀와 만났다.

크레타 왕 미노스의 딸인 아리아드네는 크레타섬의 미궁에 둥지를 튼 괴수 미노타우로스를 퇴치하기 위해 산 제물이 될 것을 자청하여 찾아온 영웅 테세우스에게 한눈에 반했고, 아테네에 함께 돌아간다는 조건으로 그를 지원해주기로 했다. 그녀는 미궁을 만든 다이달로스로부터 손에 넣은 실타래를 테세우스에게 몰래 건넸다. 테세우스는 실타래의 끝을 미궁의 입구에 묶은 뒤 실을 풀면서 들어갔고, 미노타우로스를 무찌른 후에는 실을 감으며 그곳을 빠져나와 생환에 성공했다. 이후 테세우스는 아리아드네를 데리고 아테네로 향하게 되는데 도중에 그녀에게 싫증이 나, 섬에서 잠든 아리아드네를 버려둔 채 떠나버렸다. 믿었던 남자에게 버림을 받는 여인에 대한 흔한 이야기이다. 아리아드네의 참담한 마음은 어두운 나락으로 떨어졌을 터이다.

이런 그녀에게 한눈에 반한 디오니소스는 아리아드네를 위로하

디오니소스와 아리아드네, 꽃병 그림, 기원전 400~기원전 375년,
루브르 박물관, 테베

며 보석을 가득 박은 황금 관을 예물로 주며 대망의 결혼까지 이르
게 된다. 그러나 이런 운명의 가혹함이라니. 아리아드네는 병에 걸려
젊은 나이에 숨을 거두고 말았다. 비탄에 빠진 디오니소스는 그녀에
게 선물한 황금 관을 하늘을 향해 던지며 자신의 비운을 저주했다고
한다. 그때 하늘로 던진 관이 밤하늘에 빛나는 '왕관자리(목동자리 옆에
있는 작은 별자리)'가 되었다고 한다. 그 옛날 밤하늘은 칠흑 같은 어둠에
싸여 있어서, 어디에서나 쏟아질 것 같은 별을 볼 수 있었다. 그래서

사람들은 하늘에 있는 별을 보며 많은 이야기를 만들어냈다. 와인의 신, 디오니소스의 슬픈 사랑 이야기이다. 로마에서는 디오니소스를 박카스라고 부르며, 풍요와 술의 신인 리베르와 동일시했다. 박카스는 디오니소스와는 달리 여성적인 미청년으로 그려진다.

마흔이 넘으면 와인을 마셔라

그리스의 철학자 플라톤은 와인을 인간을 이지적으로 만드는 음료라고 칭하며, 술을 마시면서 나누는 대화의 교육적 가치를 높이 평가했다. 확실히 기분 좋은 취기는 상식이라는 단단한 껍질에서 인간을 해방시키고, 유연한 발상을 가능하게 한다. 얼굴을 마주하고 함께 술을 마시면 따뜻한 인간관계를 만들고, 자유롭게 대화를 나누다 보면 새로운 아이디어가 창출된다. 그러나 과음은 좋지 않다. 그리스인은 와인에 물을 섞어 조심스럽게 마셨다. 고대 그리스에서는 와인 원액을 마시는 것을 '스키타이(Skythai, 이란계 유목 기마 민족-역주)식 음주법'이라며 기피했다.

플라톤은 "18세 이전에는 절대 와인을 마셔서는 안 된다. 서른 살까지는 적당히 마셔도 되지만 술주정을 하거나 과음을 해서는 안 된다. 마흔이 되었다면 들뜬 기분으로 소란을 피워도 좋다. 와인이야말로 그들이 짊어지고 있는 인생의 무거운 짐을 가볍게 하고, 괴로운 마음을 치유하며 젊음을 되찾아주어 절망적인 생각을 잊어버리게

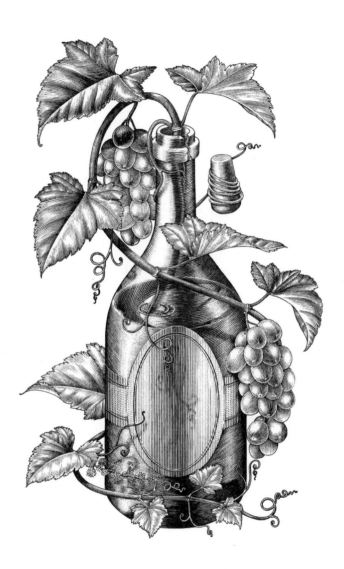

만들어주기 때문이다"라며 술에 대한 깊은 식견을 보였다.

분명 술이라도 마시지 않으면 견딜 수가 없는 우울한 일들이 그리스 세계에 산적해 있었던 것 같다. 그 당시 플라톤 자신도 쇠락하는 아테네를 재건하고자 했던 스승 소크라테스가 선동에 의해 얄궂게도 민중 재판에서 사형이 선고되어 독배를 받아 자살에 이르고 마는 괴로운 상황과 마주하고 있었다. 잠시 사회적 지위를 내려놓고 인간 본연의 모습으로 이야기를 나누는 경험의 효과는 지금이나 예전이나 변함이 없다.

와인에 밀려난 빵

지중해 중앙부에 위치한 이탈리아반도는 지중해 세계에서는 오랫동안 변방의 땅으로 취급되었다. 지중해 세계는 먼저 동쪽의 에게해부터 시작하여 카르타고를 중심으로 서지중해가 개척되었고, 중앙부에 위치한 이탈리아반도는 마지막까지 남겨졌다. 이 때문에 와인이 동방으로부터 로마로 전해지는 시기가 늦어졌고, 로마인은 와인을 외부 세계의 이국적인 음료로 인식하였다.

이러한 이유 때문에 초기 로마에서 와인은 귀중품이었고, 서른 살이하의 남성과 부인은 와인을 마시는 것이 허락되지 않았다. 카이사르(기원전 100~기원전 44) 시대에도 와인은 고가여서, 당시 상인들은 한 암포라에 담긴 와인값으로 노예 한 명을 칠 정도였다.

그 시절 와인은 걸쭉한 탁주였다. 로마에 와인을 전한 그리스인 도 와인에 바닷물이나 물, 맥주, 봉밀주를 섞어 마셨다고 한다. 그리 스인은 '와인은 섞어 마시는 것이 문화'라며 자랑스럽게 이야기했다. 로마인도 그리스인에게 배워, 와인을 두 배에서 세 배의 물로 희석하 여 마셨다. 와인에 뜨거운 물을 섞는 경우도 있었고, 때로는 보존을 위해 조개껍질이나 석고를 넣었으며 경우에 따라서는 납 용기에 넣 어 데우기도 했다. 이 때문에 납 중독에 걸린 귀족이 많았다고 한다.

로마 제국이 지중해 세계를 제패하자, 향락에 빠진 로마인은 와인 을 연회석에 없어서는 안 될 음료로 여겼다. 카이사르가 갈리아(현재 의 프랑스) 원정을 마치고 켈트인이 사용하는 맥주 제조용 나무 술통을 들고 돌아온 이후, 와인의 풍미가 훨씬 좋아졌다. 통기성이 있는 나 무 술통에서는 바깥 공기와 알코올 사이에 미묘한 접촉이 있어 와인 의 풍미가 한층 증가한다. 식도락가인 로마인에게 있어 와인은 어디 까지나 식사의 일부였다. 지금도 이탈리아인은 식사에서 분리된 음 주는 나쁜 버릇으로 여긴다. 이탈리아에서는 술에 취하는 모습을 결 코 좋게 보지 않는다.

와인이 보급됨에 따라, 이탈리아반도에서는 급격하게 곡물 밭에 포도원이 구축되어 곡물 부족이라는 심각한 사회문제를 낳았다. 결 국 로마인이 먹을 곡물을 이집트나 북아프리카에서 수입할 수밖에 없게 되었다. 부자를 위한 와인이 가난한 자의 밀보다 우선시된 것이 다. 황제 네로의 총애를 받던 페트로니우스가 손님에게 100년 된 캄

파니아 와인을 뿌리고 다녔다는 이야기는, 지배층 사이에 와인이 급속하게 보급되었다는 사실을 이야기해준다.

서기 91년, 도미티아누스 황제(재위 81~96)는 제국에 있는 포도나무의 수를 절반으로 줄이라는 명령을 내렸고 알프스 이남에 심겨진 포도나무를 남김없이 뿌리째 뽑아버렸다. 부유층이 마시는 와인이 사회에 해악을 미치는 모습을 좌시할 수 없었던 것이다.

예수의 죽음과 부활의 상징

『구약 성서』에 기록된 '노아의 방주' 이야기는 40일간의 대홍수를 견딘 노아가 배에서 내려 포도밭을 만들고 와인을 배불리 마신 후 천막에서 벌거숭이로 잠이 들었다고 기록하고 있다. 분명 술고래처럼 마셨을 것이다. 그리고 보면『구약 성서』의 창세기에는 와인을 '사람의 마음을 즐겁게 만드는' 반면 '사람의 덕을 가린다'고 기술한다.

'노아의 방주' 이야기를 사실이라고 믿는 사람들은 노아가 대홍수 후에 도착한 곳이 터키 동부의 아라라트산(해발 5,165m)이 틀림없다고 생각하여 방주 탐사를 나서고 있다. 참고로 노아가 와인을 마시고 벌거숭이로 잠들었다는 이야기에서 노아가 동물을 희생시키고 싶지 않아 신에게 바치는 희생의 피를 대신하고자 피 색깔과 똑같은 와인을 만든 것이라는 추측을 하기도 한다.

기독교에서 와인은 '예수의 성스러운 피', '신의 나라를 상징하는 음료'로 여긴다. 포도를 따서 압착한 후 발효시켜 와인으로 바꾸는 과정이 예수의 고난과 죽음 그리고 부활의 이미지와 연결된다.

7세기부터 8세기까지 이어진 이슬람교도의 '대정복 운동'으로 지중해가 '이슬람의 바다'로 바뀐 후에도 유럽 내륙의 수도원에서는 와인을 계속 만들었다. 와인은 추위가 극심해 곡물을 충분히 수확할 수 없던 알프스 이북의 유럽에서 곡물 부족을 메우는 식품이기도 했다. 서기 800년에 로마 교황으로부터 황제의 관을 부여받은 프랑크 왕국의 카롤루스 대제(742~814)는 토지를 교회와 수도원에 기증하여 와인 생산을 장려하며, 서유럽에서 와인 문화의 토대를 구축한 인물이기도 하다.

예수가 십자가 위에서 죽음을 맞이하는 장면을 재현하는 전례 미사는 본래 사교나 사제 등이 집전하는 공적인 행사였는데, 8세기 이후가 되자 수도원에서 사적인 미사를 드리는 것도 가능해졌다. 미사에는 '성체'를 상징하는 빵과 '예수의 성스러운 피'를 상징하는 최고급 와인이 필수이다. 수도원들이 앞다투어 고품질 와인 제조를 위해 노력한 배경에는 이러한 종교적 의미가 있었다. 한편으로는 유럽의 빈약한 먹거리에서도 그 배경을 찾을 수 있다. 길을 따라 세워진 당시의 교회나 수도원은 여관으로도 이용되었는데, 손님을 대접할 음식이라고는 상급의 와인 정도밖에 없었다. 게다가 다행스럽게도 포도는 곡물이 자라지 않는 거친 땅에서도 재배할 수 있었다.

한랭한 기후인 서유럽에서의 포도 재배는 포도가 과연 생육할 수 있을지의 여부가 아슬아슬한 경계선에 있는 자연 조건을 바탕으로 이루어졌다. 척박한 풍토와의 싸움이 오히려 양질의 와인을 만들어 냈다. 유명한 부르고뉴 와인을 만드는 시트 수도회의 수도사들은 포도밭을 재배하는 데 일생을 바친다. '몽라셰(Montrachet, 민둥산)', '레 페리에르(Les Perrieres, 쓰레기 토지)'라는 포도원의 이름에서 지금도 그들의 고투가 전해진다. 격렬한 노동은 수도사들의 생명을 단축시켰다. 수도사의 평균 수명이 28세에 불과했다는 기록도 있다.

12세기 들어 상업이 부활하자, 와인 생산에 특화된 지역도 나타나 와인의 대량 수송이 시작되었다. 현재 무거운 화물을 측정하는 중량 단위인 '톤(ton)'은 와인 한 통의 무게에서 기원한다고 한다. 보르도 지방에서부터 영국으로 대량의 와인이 운반되면서, 배에 몇 개의 와인 통을 실을 수 있는지를 적어 선적 능력을 표시했다. 속이 빈 와인 통을 두드릴 때 탕 하는 소리가 났는데, 이 소리에서 '톤'이 생겨났다고도 한다. 부르고뉴에 버금가는 와인 산지인 보르도는 가론강과 도르도뉴강의 수운을 활용한 와인 산지로 두각을 나타내며, 13세기 중반경에는 잉글랜드 왕실이 소비하는 와인의 3/4을 공급하게 되었다.

3

유라시아 대초원이 키운 마유주

기마 제국의 활력제

유라시아를 동서로 관통하는 약 8,000km에 달하는 대초원은 유목민 생활의 터전이었다. 유목민은 과실이 부족한 초원에서 술이 될 만한 소재를 찾았는데, 바로 말젖이었다. 6%의 유당을 함유한 말젖을 발효시켜 알코올 농도가 낮은 마유주를 만드는 데 성공한 것이다. 세계의 술 대부분은 식물을 원료로 하는데, 마유주는 대초원이라는 환경에서 발견해낸 진기한 술이라고 할 수 있으며, 그야말로 유목 세계를 대표하는 술이라고 할 수 있다.

말젖에 함유된 유당은 원래 알코올 발효에 잘 쓰이지 않는 소재이나, 초원 지대에 우연히 유산(乳酸)을 발효시키는 효모가 존재했기 때문에 운 좋게 마유주라는 결실을 맺게 되었다. 유목민은 한 가족이

200마리 정도의 양을 키우며 초원 이곳저곳에 흩어져 살았는데, 이들을 연결시켜주는 수단이 말이었다. 10km 이상 떨어진 마을 간의 연락부터 군사 원정에 이르기까지, 모든 일은 말이 있었기 때문에 가능했다. 전한(前漢)의 역사가 사마천이 쓴『사기』의 기술에 따르면, 한을 위협할 정도로 강성했던 유목민 흉노족은 아이가 걷기 시작하면 망아지나 양 등에 태워 말에 익숙해지도록 양육했다고 한다. 말은 초원 생활에서 없어서는 안 될 필수품이었다.

유목민은 2,500년 이전부터 가죽 부대를 사용하여 말젖(경우에 따라서는 낙타젖)을 발효시켰다고 여겨진다. 터키어로 '쿠미스(kumyz)', 몽골어로 '아일락'이라고 부르는 술이 모두 마유주이다. 기원전 5세기에 그리스 역사가 헤로도토스는『역사』에서 흑해 북안의 스키타이인이 마유주를 마셨다고 기록했다. 쿠미스는 고대 아시아의 쿠만(Cuman)인에서 유래한 이름이다.

마유주에는 비타민C가 풍부하게 함유되어 있어, 마시면 사람의 혈관을 강화시키고 신진대사를 활발하게 만드는 효과가 있다. 갓 짜낸 신선한 말젖을 유산 발효시킨 알코올음료인 마유주는 건강에도 좋아 유목민에게는 '생명수'나 마찬가지였다. 마르코 폴로(1254~1324)는『동방견문록』에서 "그들은 필요하면 언제나 흔히 구할 수 있는 말젖과 직접 활로 쏘아 잡은 사냥감만을 식량으로 삼아, 꼬박 한 달 동안 한곳에 머물거나 진군을 계속할 수도 있었다"라며, 말젖은 백포도주와 같은 음료로 쿠미스라고 불렀다고 기록했다. 마유주는 몽골 제국을 수립한 유목민의 활력제로 손색이 없었다. 현대에 들어서는 마유주를 갈증을 해소해주는 단순한 음료수로 여길 뿐, 술이라고 생각하지는 않는 것 같다.

흑해와 카스피해 사이에 있는 산악 지대인 캅카스(Kavkaz)에서 만들어진 '케피르(Kefir)'는 마유주가 아닌 우유주이다. 소젖(경우에 따라서는 양젖이나 염소젖)을 발효시킨 것으로, 발효가 멈출 때마다 새로운 우유를 보충하면서 만든다. 케피르라는 이름은 황갈색을 띤 곡물 입자인 케피르를 추가한 데서 유래했다.

음료수로 마시는 마유주

유목민이 말젖을 발효시켜서 마신 이유는 말젖을 생으로 마시면 설사를 일으키기 쉽기 때문이라고 한다. 가축에서 나오는 식재료를 조금도 낭비하고 싶지 않았던 유목민의 생활 속 지혜가 마유주를 탄생시켰다고 할 수 있다.

말은 3월부터 4월에 걸쳐 출산하는데, 그 시기의 말젖은 오로지 망아지를 사육하는 데 이용한다. 그러나 망아지가 어느 정도 자란 6월 말부터 10월경이 되면 말젖이 필요 없어진다. 이 시기에 유착하는 300L에서 400L에 이르는 젖이 온전히 마유주의 원료로 이용된다. 술이라고는 해도 앞에서 언급했듯이 마유주는 알코올 도수가 1%에서 3% 정도에 불과하고, 유산 발효로 인하여 걸쭉한 요구르트의 형태를 띠기 때문에 몇 대접을 마셔도 취하지 않는다. 몽골인 남성은 한 달에 약 4L의 마유주를 마신다는 조사 결과가 있을 정도이다. 마유주는 음료수나 다름없는 것이다.

마유주의 제조법은 간단하지만, 각 가정에는 나름대로 비밀스럽게 전수되는 맛이 있다. 기본적으로는 가죽 부대에 갓 짠 말젖을 넣고, 교반봉으로 7일에서 10일 동안 저으면 가죽 부대에 부착된 유산균이나 이스트균에 의해 발효가 되면서 손쉽게 마유주가 완성된다. 작년에 만들어놓은 마유주를 추가하면 발효가 한층 더 쉬워진다고 한다.

대량으로 만든 마유주는 겨울 내내 실외에 두고 얼려서 보관하고, 정월을 축하하는 행사에 사용하였다. 정월뿐 아니라 경사스러운 일이 있을 때는 언제든 마유주를 마셨다. 유라시아 동서에 걸친 대제국을 수립한 칭기즈 칸도 분명 이 약한 술로 축배를 들었을 것이다. 유목민의 마유주는 어디까지나 가정용 술이며, 영양 보급원이었기 때문에 상품화되는 일은 없었다.

4

바닷길을 따라 전파된 야자술

마르코 폴로도 깜짝 놀란 술

아열대와 열대기후에 분포하는 야자는 볏과, 백합과, 난초과의 뒤를 잇는 대형 식물군으로 약 2,600종에 이른다. 그 가운데 아시아에서 생육하는 야자가 약 1,400종이다. 야자의 수액은 쉽게 발효되어, 술의 소재로 쓰인 지 5,000여 년이나 된 긴 역사를 자랑한다.

유라시아 대륙의 남쪽 끝에서 시작하는 바닷길은 10세기 이후에는 중국 도자기를 주요 상품으로 거래했기 때문에 '도자기 길(세라믹 로드)'로도 불린다. 홍해-페르시아만-아라비아해-말라카해협-남중국해를 연결하는 바다의 교역로가 가장 번성했던 때는 동아시아와 서아시아를 모두 지배한 몽골 제국 시대였다.

17년 동안 원나라의 쿠빌라이 칸에게 벼슬을 받고 봉직한 마르코 폴로는 서아시아의 일한국으로 결혼을 위해 떠나는 코카친 공주와 동행하여, '도자기 길'을 동쪽에서 서쪽으로 거슬러 고향 베네치아로 돌아갔다. 그는 1290년 말에 푸젠(福建)의 취안저우(泉州)항에서 출발해 26개월 동안 항해한 끝에 페르시아만 입구의 호르무즈항에 도달하였고, 1295년에야 베네치아에 귀환할 수 있었다.

마르코 폴로가 긴 바다 여행을 할 동안 위안을 받았던 것은, 기항한 항구에서 마셨던 풋내가 나지만 달고 신 맛이 나는 야자술 '토디'였다. 열대와 아열대 지역에서 야자술은 흔한 것이었지만, 지중해에서 나고 자란 마르코 폴로에게는 무엇보다 신기한 술이었던 것 같다. 그가 쓴 『동방견문록』의 '수마트라 왕국' 편이나 '세이란섬' 편에 야자술에 대한 기록이 있다. 마르코 폴로는 너무나 쉽게 발효되는 야자에 강한 흥미를 느꼈던 것 같다.

현재에도 서아시아, 인도, 동남아시아 각지에서는 야자 수액 '토디(정식 명칭은 fermented toddy, 줄여서 toddy라고 부르는 경우가 많다)'를 발효시킨 야자술을 만들고 있다. 토디를 하루에서 이틀 정도 방치하기만 하면 자연 발효되어 야자술이 되니, 이보다 더 간단할 수 없다. 야자술은 꿀을 물로 희석한 맛이며, 차갑게 식혀서 마시면 부담 없이 마실 수 있다.

그러나 장점이 있으면 단점도 있기 마련이다. 야자술은 열대 지역에서 자연 발효로 양조되는 술이므로 단시간에 제조할 수 있지만, 쉽게 쉬어버리기 때문에 보존이 어렵고 원거리 운송을 견디지 못했다.

인도 남부의 토디 채집가

와인이 19세기에 세계를 제패한 유럽을 대표하는 알코올음료로 전 세계로 확산된 데 비해, 야자술은 지금도 유라시아 남쪽 끝의 지역적 인 술에 머물러 있을 뿐이다. 마르코 폴로는 『동방견문록』의 '수마트 라 왕국' 편에 다음과 같이 기록했다.

"이 섬에서 자라는 한 나무가 있는데, 원주민들은 이 나무의 가 지를 자르고 자른 자리에 큰 항아리를 걸어둔다. 그러면 하룻밤 동안에 항아리가 술로 가득 찬다. 이 술은 정말 맛이 좋고, 복부 팽만, 기침, 비장 병을 낫게 하는 효능이 있다. 이 나무는 얼핏 보면 작은 대추야자 나무처럼 생겼고 가지도 매우 적지만, 적당 한 시기에 나뭇가지를 자르면 위에 기술한 대로 맛있는 술을 제 대로 얻을 수 있다. 나뭇가지를 자른 자국에서 더 이상 술이 나 오지 않으면 원주민들은 근방에 있는 작은 강에서 나무뿌리까 지 물길을 끌어와 물을 대준다. 그러면 한 시간도 되지 않아 수 액이 다시 나오기 시작한다. 두 번째는 처음과 같이 붉은 액체 가 아니라 연한 색을 띠는데, 어찌 되었든 붉은 술과 흰 술, 두 종류를 손에 넣을 수 있다."

마르코 폴로는 야자 수액에서 술이 만들어지는 모습을 마냥 신기 하게만 본 것 같다. 하지만 야자술은 3, 4일이 지나면 더 이상 마실 수 없는 살아 있는 술이었고, 그래서 알코올 농도도 낮았다. 어찌 되었든 야자나무 줄기를 도려내 마른 풀로 메운 후 태워서 도려낸 곳에 관을 붙이고, 관 끝에 항아리를 놓아 야자 수액을 모으기만 하면 자연스럽게 술을 만들 수 있기 때문에 열대, 아열대 지역 사람들은 앞마당에 자동 주조기를 가지고 있는 것이나 마찬가지이다.

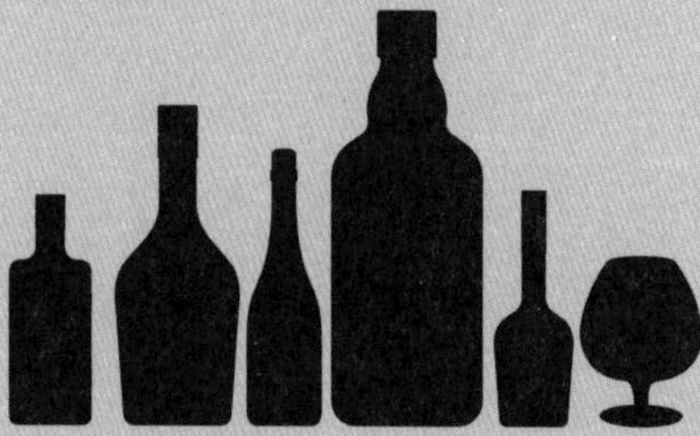

—— 2장 ——

열심히
술을 빚은
문명

지구상의 60억이 넘는 사람들 대다수가 곡물로 생명을 유지하고 있다. 자명한 일이지만, 곡물은 '작은 거인'이라고 할 수 있으며 인류의 은인이다. 우리 인생에서 없어서는 안 될 술도 곡물에 크게 의존한다. 술은 곡물을 원료로 삼고 나서 비로소 대량 생산이 가능해졌고, 대중화의 길을 걸을 수 있었다.

1

4대 문명을 대표하는 각각의 술

곡물에 의존한 술 문화

문명은 보리, 쌀, 조, 기장, 옥수수 등 벼과 곡물 재배를 전제로 성립했다. 대량으로 생산되는 곡물이 없었다면, 거대한 문명도 모습을 드러내지 못했다. 곡물은 인류로 하여금 밭을 갈고 수로를 만들게 하였으며, 이윽고 인구가 밀집된 도시를 탄생시키고 문명을 일으킨 에너지원이다. 지금도 지구상의 60억이 넘는 사람들 대다수가 곡물로 생명을 유지하고 있다. 자명한 일이지만, 곡물은 '작은 거인'이라고 할 수 있으며 인류의 은인이다. 우리 인생에서 없어서는 안 될 술도 곡물에 크게 의존한다. 술은 곡물을 원료로 삼고 나서 비로소 대량 생산이 가능해졌고, 대중화의 길을 걸을 수 있었다. 곡물을 원료로 하는 양조주가 양산됨으로써 술의 역사는 제2막을 열게 되었다.

큰 강 유역에서 성장한 4대 문명은 각 문명을 지탱한 곡물을 원료로 삼아 고유의 술을 만들어냈다. 그러나 딱딱한 껍질로 무장한 곡물을 술로 바꾸려면 넘어서야 할 큰 장애물이 있었다. 곡물을 쉽게 알코올 발효가 되는 당분으로 바꾸는 과정이 최대의 난관이었다.

알코올 발효를 화학적으로 설명하면, 효모(이스트)가 분비하는 치마아제가 글루코오스(포도당)나 프룩토오스(과당) 등의 단당을 분해하여 에틸알코올과 이산화탄소로 바뀌는 현상이다. 알코올 발효에는 당분이 필요하고, 전분(탄수화물)을 맥아당 등으로 바꾼 후 이를 다시 단당으로 변화시키는 과정이 필수이다.

각 곡물주의 개성

여러 문명을 지탱해주었던 곡물은 지역마다 풍토와 역사에 따라 달랐다. 이 때문에 곡물을 원료로 하는 술의 종류도 다양해졌다. 곡물주에는 보리가 원료인 맥주, 기장이나 쌀을 원료로 하는 중국의 황주(黃酒), 쌀을 원료로 하는 일본의 청주, 옥수수를 원료로 하는 잉카제국의 치차(Chicha) 등이 있는데, 각 문명을 대표하는 얼굴이라 할 수 있다.

4대 문명을 발전시킨 곡물 중에서 가장 빨리 술로 만들어진 재료는, 가루로 빻은 후 발효 빵으로 만들어 먹었던 보리였다. 원래 곡류를 발아시킨 곡아(穀芽)에는 전분을 당으로 바꾸는 효소가 함유되어 있다. 그래서 보리를 주식으로 하는 메소포타미아나 이집트 문명에서는 발아시킨 보리(맥아(麥芽), 몰트)를 그 상태로 발효시켜 맥주를 만들 수 있었다. 보리는 술로 만들기 쉬운 곡물이었던 것이다.

쌀, 조, 기장을 주식으로 하는 중국과 일본에서는 술 만들기가 좀처럼 번거로운 일이 아니었다. 중국의 황주나 일본의 청주를 만들려면 특수한 곰팡이(중국에서는 거미집곰팡이, 일본에서는 누룩곰팡이)를 사용하여 피, 밀, 쌀을 당화(糖化)시켜야 했기 때문이다. 거미집곰팡이는 따뜻한 곳에서 생기는 일반 곰팡이로 아시아 전역에서 술을 양조할 때 사용한다. 누룩곰팡이는 무성 생식을 반복하는 불완전균으로, 흔히 된장, 간장, 술을 만드는 데 이용된다. 일본의 청주는 누룩곰팡이를 사용한다는 점에서 개성이 뚜렷하다.

앞으로 메소포타미아와 이집트의 맥주, 중국의 황주, 일본의 청주, 잉카 제국의 치차 순으로 세계사 무대에 등장하는 곡물을 원료로 한 양조주의 역사를 살펴보고자 한다.

2

∼

메소포타미아에서
유럽으로 전해진 맥주

액체 빵이었던 최초의 맥주

맥주는 세계에서 가장 많이 소비되는 양조주로 연간 생산량이 1억 kL를 가뿐히 넘는다. 세계 인구를 60억 명이라고 했을 때, 전 세계 사람이 연간 17L 이상의 맥주를 마신다는 계산이 나오니, 실로 엄청난 양이 아닐 수 없다. 주요 맥주 생산국은 미국, 독일, 영국, 벨기에 등이다. 참고로 맥주를 의미하는 영어 단어 비어(Beer)는 음료를 뜻하는 라틴어 비베레(Bibere)에서 유래했다는 설과, 곡물(Grain)을 발효한 음료란 뜻의 게르만어 베오레(Beor)에서 유래했다는 설이 있다.

맥주는 문명이 탄생한 5,000년 전에 이미 메소포타미아와 이집트에서 소비되고 있었다. 당시의 맥주는 상당히 걸쭉해서 '마시는 빵', '액체 빵'으로 불리며 대중적으로 흔하게 접할 수 있었는데, 원료인 보리를 손쉽게 구할 수 있었기 때문이다. 그러나 당시의 맥주는 특유의 쓴맛이 나지 않고 알코올 농도도 낮았기 때문에 술이라고 부르기에는 싱거운 음료였다. 그래도 메소포타미아 문명을 일으킨 수메르인은 술을 매우 좋아하는 민족이어서 수확한 보리의 40%를 맥주 양조에 사용했다고 전해지는데, 현재와 비교하면 매우 높은 비율이다.

초기의 맥주는 빵을 사람이 직접 입으로 씹어서 만들었다. 인간의 타액이 발효를 촉진시켰다. 그래서 수메르인은 발효를 양식을 채워주는 여신, 닌카시(Ninkasi)의 비술이라고 생각했다. 파리 루브르 미술관은 두 장의 점토판에 보리 탈곡과 맥주 제조 모습이 새겨진 유명한 조각품, '모뉴먼트 블루'를 소장하고 있다. 농업과 풍요의 여신에게 바친 제물이며 기원전 3000년경의 유물로 추정된다. 메소포타미아의 수메르인 사회에서는 여성이 양조를 담당했는데, 여덟 종류의 보리(대맥)와 여덟 종류의 밀(소맥)을 혼합한 곡물로 세 종류의 맥주를 만들었다고 한다. 맥주는 단순한 보조 식품부터 신상을 세우거나 화전을 일굴 때 부정을 없애는 용도까지 폭넓게 사용되었다.

메소포타미아에서 신전 건조에 종사하는 노동자에게 하루 1L, 고위 신관에게는 그 다섯 배에 달하는 양의 맥주를 보수로 지급하였다고 한다. 귀족 등의 권력자들은 신전에 맥주를 대량으로 봉헌하곤 했는데, 술을 좋아한 메소포타미아의 신에게 술을 바치면 큰 이득을 볼 것으로 기대했던 것일까?

고대 이집트에서도 5,000년 전부터 '헥토'라는 맥주를 만들었다. 맥아를 구운 빵을 짓이겨 물에 녹인 후, 길고 가느다란 항아리에 넣어 발효시켰다. 항아리 입구는 탄소가스가 새지 않도록 마개로 단단히 막아 깊은 맛이 나도록 했다. 항아리를 어둡고 서늘한 곳에 두고 숙성시키는 경우도 있었다고 한다. 맥주에 점토를 넣어 투명도를 높이는 기술이 개발되었으며, 대추야자 등의 재료를 추가해 알코올 농도를 높이는 연구도 이루어졌다. 허브로 풍미를 더한 다양한 맥주도 만들어, '즐거움을 주는 음료', '천국과 같은 음료' 같은 멋진 이름도 붙였다. 기록에 따르면 와인 원액에 버금가는 진한 농도의 맥주도 있었다고 한다.

화폐가 보급되지 않고 현물 경제가 지배적이던 이집트에서는 신관이나 관사의 봉급 중 일부를 맥주로 지급하였다. 이런 관습 때문에 음주 습관이 지배층 사이에 퍼져 풍기문란도 만연했다고 한다. 고대 이집트의 궁정 서기였던 아니(Ani)는 "술집에서 과하게 술을 마셔서는 안 된다. 다리가 풀려 결국 넘어진다. 아무도 당신을 도와주지 않는다. 술친구는 '돌아가라. 너는 이미 많이 마셨다'며 가버린다. 사람은 자기의 이야기를 다 하지 못한 채 아무런 도움을 받지 못하고 아 이처럼 땅 위에 쓰러져 있는 자신을 발견한다"라며 과음에 대해 충 고하는 문서를 남겼다. 3,000년 전이나 지금이나 술주정뱅이는 패가 망신하는 법이다.

함무라비 법전에 적힌 술집의 이미지

기원전 17세기에 번성했던 고대 바빌로니아 왕국 시대에 맥주 양 조는 오로지 여성이 담당했던 임무였다. 그중에는 집에서 술을 만들 어 판매하는 사람도 있었다고 한다. 함무라비 왕(재위 기원전 1792~기원 전 1750)이 제정한 282조로 이루어진 '함무라비 법전'에는 술집에 관 한 규정이 많이 포함되어 있어 그 당시 술집의 모습을 상상할 수 있 게 한다. 법전에 따르면 맥주는 원료인 곡물로 대금을 받도록 규정되 어 있으며, 은으로 대가를 요구하거나 곡물의 분량보다 적은 양의 맥 주를 판매한 여성은 벌로 물속에 던져졌다고 한다.

또한 술집에는 범죄자가 출입하는 경우가 많았던 것으로 보이는 데, 술집 여주인이 범죄자를 몰래 숨겨주는 일이 없도록 엄격한 벌칙 규정이 마련되어 있었다. 법전에는 범죄자를 숨긴 경우에 사형을 선 고한다고 되어 있다. 당시 술집이 어떤 곳이었는지 정확히는 모르겠 지만, 당국이 단속하기 어려운 곳이었음은 틀림없다. 술집에서는 고 객이 외상으로 맥주를 마시는 일도 많았던 듯한데, 이 경우에 과도하게 외상값을 받지 않도록 맥주 대금으로 지급할 곡물의 양도 규정해 놓았다. 법전의 규정은 다음과 같다.

108조 만일 맥줏집 여주인이 맥주 대금을 곡물로 받지 않고 은 으로 받거나 또는 곡물 분량에 비해 맥주의 양을 부족하 게 판매한 경우, 여주인에게 벌을 주고 물속에 던진다.

109조 만약 수배 중인 범인이 맥줏집에 숨어들었을 때 이를 숨 기고 당국에 신고하지 않는 경우, 맥줏집 여주인은 사형 에 처할 수 있다.

111조 맥줏집의 여주인이 60크아의 맥주를 신용으로 제공한 경우에는 수확 시에 50크아의 곡물을 외상값으로 받아 야 한다.

메소포타미아의 맥주 제조법도 오랜 세월 속에서 진화를 거듭했 다. 기원전 600년경 신바빌로니아 왕국에서는 남성이 맥주 양조를 담당하였는데, 맥주 양조업자 조합을 구성하여 조합에 큰 영예를 주 었다. 최고의 전성기를 구가한 네부카드네자르 2세(재위 기원전 604~기 원전 562)는 유다 왕국을 멸망시키고 유대인을 수도 바빌론으로 강제 연행하여 바벨탑 등 웅장한 건조물을 건설하도록 한 것으로 유명한 데(바빌론 유수), 맥주를 매우 좋아하여 바빌론의 수호신 마르두크의 거 대한 제단에 맥주 폭포를 흐르게 했다는 전설이 있다. 그는 맥주 양조업자를 보호했으며 마르두크 제례 시에는 그들을 명예석에 앉게 했다고 한다. 제례에는 맥주가 빠지지 않았다는데, 이를 통해 맥주 양조가 보급되고 양조업자의 사회적 지위가 확고해졌다는 사실을 알 수 있다.

맥주를 마시고 취하면 뒤로 넘어진다?

맥주는 이윽고 이집트에서 그리스로 전해졌다. 철학자 아리스토텔레스(기원전 384~기원전 322)는 무슨 의미에서인지 "와인을 먹고 취한 사람은 앞으로 넘어지고, 맥주를 먹고 취한 사람은 뒤로 넘어진다"고 기록했다. '뒤로 넘어진다'라는 말은 그다지 바람직하지 않다는 뜻으로 해석된다. 당시 그리스에서는 곡물이 부족해지면서 마음 놓고 맥주를 마실 수 없었다고 한다. 귀중한 곡물인 보리로 술을 만드는 행위를 이기적이라고 생각한 것일까? 세월이 흘러 헬레니즘 시대에는 이집트의 여왕 클레오파트라가 맥주를 돌려 마시며 카이사르와 안토니우스를 차례로 정복했다는 이야기도 전해진다.

로마 제국에서는 대지의 여신 케레스를 숭배하는 제전에서 보리로 만든 '케르위시아'라는 맥주를 많이 마셨다는데, 사실 미식가인 로마인은 맥주보다 식사와 잘 어울리는 와인을 선호했다. 게르만인이 좋아하던 맥주는 야만인이 마시는 술이라며 천시를 받았던 것 같다. 그렇게 맥주 문화는 지중해를 넘어 알프스 이북으로 건너가게 되었다.

맥주 양조는 결국 유럽의 보리 재배 지역에서 진화를 거듭했다. 봉밀주를 마셨던 게르만인, 켈트인은 대량으로 양조할 수 있는 맥주의 존재를 알게 되자 즉시 매료되었다. 타키투스가 쓴 『게르마니아』에는 "음료에는 보리 또는 밀을 포도주와 같이 발효시킨 액체가 있는데, 레누스강 및 다누비우스강 근처에 사는 사람들은 포도주도 사서 마셨다. … 그들은 목마름(음주)을 절제하지 못했다. 만약 그들이 원하는 만큼 술을 공급해주고 마음껏 술주정을 하게 한다면, 무기가 아니라 오히려 그 나쁜 술버릇 때문에 정복되었을 것이다"라는, 게르만인의 자제력을 잃은 음주에 관한 기록이 있다. 게르만 사회를 통일한 카롤루스 대제가 유능한 맥주 장인들을 궁정으로 끌어모았다는 기록도 전해진다. 중세 유럽의 역사는 맥주를 빼고 이야기할 수가 없다.

'녹색 황금' 홉의 등장

중세 유럽에서 맥주 제조가 발전한 이유는 와인과 마찬가지로 수도원 때문이었다. 뛰어난 맥주를 생산하기로 유명한 벨기에에서는 현재도 수도원에서 양조되는 맥주나 수도원의 제조법을 계승한 진한 맥주를 선호한다.

맥주에 없어서는 안 될 쓴맛을 첨가하는 데 사용한 재료는 처음에는 버드나무 잎이었다. 일본의 아이누족(홋카이도 원주민-역주)은 버드나무의 억센 생명력을 눈여겨보고, 신이 점토와 버드나무로 사람을 만들고 척추 뼈가 된 버드나무에 생명력을 깃들게 했다고 생각했다. 게르만인도 강인한 생명력의 버드나무 잎을 첨가하여 맥주에 숨을 불어넣으려고 했던 것일까?

이후 맥주에 향을 더하기 위해 지역마다 쉽게 구할 수 있는 허브를 중심으로, 정향나무나 육계 등의 향료와 약초를 혼합한 '그루트(Gruut)'를 사용하였다. 그루트는 맥주의 개성을 결정짓는 비장의 무기였다.

홉

7~8세기가 되자 독일에서 그루트 대신 '홉(Hop, 한삼덩굴속 식물)'이 등장했다. 홉 암꽃의 밑동에서 노란색 분말(홉 또는 루풀린)을 채취해 이를 맥주에 첨가하여 '쓴맛'을 내고, 가스가 빠져 나오지 않도록 연구하여 맥주를 만들 수 있게 되었다. 홉은 바벨탑이 세워지던 시절 이미 바빌론의 공중 정원에서 재배되고 있었다는 설도 있으나, 정확하지는 않다.

참고로 홉은 포도와 마찬가지로 흑해와 카스피해 사이에 있는 캅카스 지방을 원산지로 하는 뽕나무과 만초인데, 7세기에 독일로 전해졌다. 736년에는 뮌헨 근교의 할러타우에서 홉을 본격적으로 재배하였다는 기록이 있다. 쓴맛뿐 아니라, 맥주에 독특한 향미를 더하고 거품을 잘 일어나게 하는 홉은 '맥주의 영혼', '녹색의 황금'이라고 일컬어진다.

오늘날 맥주의 원형은 1516년 남독일 바이에른 공국(수도 뮌헨)의 빌헬름 4세가 제정한 '맥주순수령(Reinheitsgebot, 라인하이츠게보트)'에서 찾을 수 있는데, 맥주는 보리와 홉, 물로만 제조해야 한다고 규정하고 있다. 그때까지는 착색하는 데 숯을 사용하거나 맥아의 사용 비율이 낮아 품질이 조악한 맥주가 많았는데, 맥주순수령으로 균질화되었다.

빌헬름 4세는 이 법령을 통해 양질의 맥주를 보급하여 시민의 건강을 보호하고, 맥주 양조에서 식용 밀의 사용을 배제하여 식량난을 해결하고자 하였다. 그러나 이 법령은 본래 목적보다도 맥주 제조에서 그루트를 사용하지 않게 된 결정타가 되었고, 맥주의 기본형을 완성한 것으로 평가된다.

홉은 목 넘김을 상쾌하게 하고 깊은 맛을 낼 뿐 아니라, 잡균의 번식을 막는 힘도 가지고 있다. 살균 및 항균 작용이 있는 것이다. 또한 홉에 함유된 떫은맛을 내는 타닌 성분은 맥주의 과잉 단백질을 제거할 뿐 아니라, 맛을 깔끔하게 하고 투명도를 높이는 역할을 한다. 보통 맥주에는 1kL당 1.6kg 정도의 홉이 사용된다.

3

동아시아의 곡물주 황주

경국의 미녀와 주지육림

고대 중국의 술은 잡곡인 피를 원료로 한 것이었다. 은(기원전 1600~기원전 1046)의 술은 종교와 깊은 관련이 있어 보인다. 은대 유적에서 축제에 사용된 것으로 보이는 훌륭한 청동기가 많이 출토되었는데, 작(爵) 등의 술그릇이 높은 비율을 차지하였다.

이후 은을 무너뜨린 주(기원전 1046~기원전 770)는 왕실 일족을 지방으로 파견해 일대를 다스리도록 하는 봉건제를 실시했다. 지방관이임지에 부임할 때 지배의 상징으로 주나라 왕이 하사한 것이 다름아닌 작(爵)이라는 술그릇이었다. 귀족을 뜻하는 후작(侯爵)이니 백작(伯爵)이니 하는 칭호는 신분을 나타내던 술그릇에 근거한다.

고대 중국에서도 과도한 음주는 악이라고 지탄의 대상이 되었다.

전국시대(기원전 403~기원전 221)에 편집된 중국 최고(最古)의 시집 『시경』은 은나라의 왕이 술독에 빠져 위의(威儀)를 어지럽히고 밤낮으로 술만 마신다며 엄하게 비판했다. 술은 신의 음료로 여겨졌기 때문에 음주에 대해 엄격한 잣대를 들이댄 것이다.

주왕

『사기』에서도 술로 욕망을 해소했던 주왕을 철저하게 꾸짖고 있다. 은의 마지막 왕인 주왕은 원래 두뇌가 명석하고 언변이 수려하였으며 맹수를 맨손으로 쓰러뜨릴 정도로 힘도 셌다고 전해진다. 그러나 그가 정복한 유소 가문이 보낸 보기 드문 미녀, 달기를 총애하게 되면서 사치와 포악한 처사를 일삼게 되었다. 결국 나라를 멸망시키는 지경에 이르게 되는데, 망국을 초래한 주왕의 음탕하고 문란한 주색잡기에서 주지육림(酒池肉林)이라는 고사가 나왔다.

주왕은 녹대(鹿臺)라는 궁전을 지어 엄청난 양의 보물을 모으고, 거교(鉅橋)라는 창고에 어마어마한 양의 곡물을 모았다. 또한 사구(沙丘)라고 부른 별궁을 확장하여 각지에서 모은 새와 짐승을 풀어놓고 사육했다. 그는 이 대규모 유원지에 연못을 파서 술로 채우고 나뭇가지마다 말린 고기를 걸어 숲을 만들었는데, 이곳에 벌거벗은 남녀를

풀어놓고 밤새 연회를 베풀어 달기와 함께 즐겼다.

인간의 욕망이란 한번 봇물이 터지면 걷잡을 수 없이 일상의 궤도를 벗어난다. 주왕은 기름을 칠한 구리 기둥을 불타는 숯불 위에 올려놓고, 정적을 잡아 오면 기둥 위를 걷게 하였다. 그러다 발이 미끄러져 불 속으로 떨어지면 괴로워하며 타 죽는 모습을 즐겼다고 한다. 포락지형(炮烙之刑)이다. 또한 왕의 난폭하고 무분별한 생활을 간언하는 숙부 비간에게 화가 나 그를 살해하고 심장을 도려냈다고 한다. 이 때문에 하늘의 신은 주왕과 은나라를 버리고, 주나라 무왕에게 동맹군을 이끌게 하여 은나라를 공격하여 멸하게 했다고 한다. 주왕은 녹대의 보물전에 올라 보석으로 장식한 호화로운 옷을 입고 불 속으로 몸을 던졌고, 달기는 무왕의 손에 무참히 살해되었다.

궁정 행사에 없어서는 안 되었던 술

전한시대(기원전 202~기원후 8)에 서방으로부터 보리가 전해졌다. 그 전까지 황하 유역에서 나는 주요 곡물은 조와 기장이었는데, 이 중 술의 원료가 된 곡물은 기장이었다. 오늘날에는 조도 소주의 원료로 사용하지만, 고대 중국에서는 기장을 술의 원료로 높게 평가했다. 그러나 기장은 당화(糖化)하지 않으면 술로 만들 수 없다. 그래서 누룩이 필요했다.

중국과 조선에서는 누룩을 곡(麴)이라고 했는데, 이는 원료인 곡물을 가루로 만든 후 물로 반죽하여 경단 모양으로 빚고, 여기에 거미집 곰팡이를 1개월 정도 번식시킨 것이었다. 병국(餠麴)이라고도 불렀다.

주나라의 술은 황토 대지에 구멍을 파고, 기장에 물을 섞어 발아시킨 후 누룩으로 발효한 일종의 탁주였다. 술은 왕의 권위의 원천인 하늘의 신(천제)께 제사 지내는 의식, 왕실과 각지를 지배하는 제후 사이의 결속을 다지는 의식에 필요했다. 왕은 각지의 지배자(제후)가 정기적으로 조현(신하가 조정에 나아가 임금을 뵙던 일-역주)할 것을 의무화하여 수도로 모았는데, 조현 후에 베풀어지는 연회도 중요한 국가 행사 중 하나였다. 술은 연회라는 엄숙한 국가 의례와 연관되었으며, 엄격하게 격식을 차리며 마셔야 했다.

주나라에서는 천지의 운행과 사계절의 순환에 따라 천관, 지관, 춘관, 하관, 추관, 동관이라는 여섯 개의 관청을 두었는데, 그 중심은 천관으로 모든 관청과 관리를 총괄했다. 천관은 주정(酒正)이라는 장관이 관할했는데 이름에서 알 수 있듯이 술을 양조하고 단속하는 부서가 딸려 있었다. 궁정 의식을 치르려면 많은 양의 술이 필요했기 때문이다.

술의 양조는 10명의 환관과 330명의 여성으로 구성된 주인(酒人)이 담당했다. 고대 중국도 메소포타미아와 마찬가지로 공적인 의식에 사용되는 막대한 양의 술 대부분을 여성의 손으로 양조하도록 하였다.

시황제가 구한 금색의 술

은나라의 왕이 신을 모시는 제사에서 사용한 술은 기장으로 만든 술에, 카레에도 넣는 황금색 울금을 끓인 물을 넣어 만든 향이 강한 약주였다. 태양처럼 황금색으로 빛나는 이 술을 지면에 뿌리며 신령을 모셨을 터이다.

기원전 221년에 천하를 통일한 진의 시황제는 그로부터 2년 후에 산동 지방의 명산 태산에 올라 하늘과 땅의 신에게 제사를 지내는 '봉선(封禪)의 예'를 집행하며 자신이 천하의 지배자가 되었음을 여러 신들에게 보고했다. 높이 1,532m의 태산은 중국의 오악(五岳) 중 하나로 동악(東岳)이라고 불리는, 신 그 자체로 여기는 산이다. 태산은 현재도 신앙의 대상으로서 많은 사람들이 찾아오며, 산기슭부터 정상까지 7,000여 개에 이르는 돌계단이 놓여 있다.

봉선은 황제가 천지에 국가의 안녕을 기원하는 행사였다. 사마천은 『사기』의 서문에 부친인 사마담이 기원전 110년에 한나라 황제 무제가 집전한 봉선 의식에 참석을 허락받지 못했고, 이에 무념에 빠져 "태사령임에도 불구하고 중대한 국가 행사를 볼 수 없어 그야말로 애석하다"라는 말을 남기며 병사했다는 유명한 이야기를 남겼다.

시황제가 봉선을 집전할 때는 은나라 때 사용하던 황금색 술의 양조법은 이미 잊힌 후였다. 할 수 없이 시황제는 산동 지방의 기장으로 만든 술을 여과시켜 봉선에 사용했다고 한다. 은나라가 망하고 800년이나 시간이 흘렀기 때문에 술 양조법이 바뀌는 것도 당연하다.

중국의 양조주는 여러 브랜드가 있는데, 술 색깔이 전체적으로 노란색을 띤다는 특색이 있어 '황주(黃酒)'라고 총칭한다. 술 색깔의 농도에 따라 색이 짙은 술을 '노주(老酒)', 연한 색 술을 '청주(淸酒)'라고 부르는 경우도 있다.

북쪽의 전통적 원료인 기장, 남쪽 지방에서 산출되는

태산 남천문

쌀로 만드는 황주는 오랜 세월에 걸쳐 중국 각지의 문화가 교류한 산물이며, 중국을 대표하는 술이 되었다. 황주는 '중국의 맥주'라고 불러도 모자람이 없다.

2,000년의 역사를 지닌 명주, 사오싱주

여러 황주 가운데 손꼽히는 명주로, 청나라의 미식가 원매(袁枚)가 "중국 술 중에서도 명사로다"라고 칭송한 사오싱주(紹興酒)를 들 수 있다. 중국의 술은 그 이름을 산지에서 따온 것이 많은데, 사오싱주는 저장(浙江)성 항저우(杭州) 동남쪽 약 70km에 위치한 운하 마을 사오싱(紹興)에서 양조된 술을 의미한다. 사오싱은 중국 근대의 문호 루쉰과 철학자이자 교육가로 명망이 높은 차이위안페이(蔡元培) 등 많은 위인을 배출한 마을로 알려져 있다.

사오싱주는 춘추시대(기원전 770~기원전 403)에 만들어지기 시작했는데, '와신상담(臥薪嘗膽)', '회계지치(會稽之恥)', '오월동주(吳越同舟)' 등의 고사와도 관련이 있다. 오나라에 패한 월나라의 구천이 굴욕을 잊지 않기 위해 쓴 간을 핥으며 재기를 꽤한 회계산(會稽山)이 사오싱 남쪽에 위치해 있는 것이다.

시간이 흘러 송(960~1279)이 금(1115~1234)에 중국 북부를 빼앗기고, 거액의 공물을 제공해 간신히 목숨을 부지한 채로 남송(1127~1279) 시대를 열었다. 남송은 주세를 통해 재원을 확보하고자 하였기 때문에 술 양조를 장려했다. 남송의 수도 항저우에서 막대한 양의 술이 소비되기 시작했다. 북방 민족이 언제 공격해 올지 모른다는 불안한 사회 정세 속에, 사람들은 술로 위안을 삼을 수밖에 없었다. 명주 사오싱주도 그 어느 때보다 큰 규모로 소비되었다.

사오싱주의 제조는 우선 찹쌀을 큰 독에 넣고 물을 부은 후 찌는 것에서 시작한다. 여기에 여뀌와 멥쌀로 만든 주약과 병국을 첨가해 발효시키고 이를 여과시켜 가열, 살균한 다음, 독을 연꽃잎과 기름종이로 덮는다. 그 위에 뚜껑 역할을 하는 접시를 올려 점토를 발라 군힌 후, 장기간 숙성시키면 완성된다. 먼 옛날 일본에도 황주 제조법이 전해졌는데, 독 대신에 나무 술통에 저장하여 숙성시키는 방법을 택한 것이 차이점이다. 이 술이 '청주(일본주)'이다. 삼림이 빽빽한 일본에서는 중국에서 전해진 쇠 젓가락과 벽돌 사원 등을 나무로 바꾸어 만들었는데, 술을 만드는 도구도 마찬가지였다. 일본주는 일본의 숲 문화가 만든 술이다.

사오싱주는 원매가 "5년 이상 숙성시키지 않은 사오싱주는 마실 수 없다"고 썼듯이 장기간의 숙성이 필요한데, 현재는 3년에서 5년 또는 그 이상 저장한 술을 주로 마신다. 오래 묵은 술일수록 높은 가치를 인정받는 법이다. 오래 숙성한 고품질의 술은 '진년(陳年) 사오싱주'로 불리며 매우 귀하게 여기고 있다.

사오싱주를 대표하는 또 다른 브랜드로 '화디아오주(花彫酒)'가 있다. 부모의 애정이 담겨 있는 깊은 맛이 나는 술이다. 사오싱에는 아기가 태어나고 3일째 되는 날에 갓난아기를 목욕시킨 물로 술을 만드는 관습이 있었다. 특히 여자아이라면 친척들에게 선물 받은 찹쌀로 만든 이 술을 독에 담아 땅 속에 잘 묻어두었다가 시집갈 때 꺼내 예물로 가져가게 했다. 이것이 화디아오주이다. 술의 이름이 화디아오(花彫)가 된 이유는 독에 조각을 해서 아름답게 채색을 하기 때문이다.

4

벼농사와 숲이 낳은 일본주

일본주란?

쌀을 원료로 하는 일본의 술 제조법은 중국과 조선으로부터 전해 졌는데, 결국 숲이 많은 일본의 풍토를 활용한 술 문화가 만들어진 다. 일본 열도 각지에는 각기 다양한 술 이름이 있었는데, 일본주조 조합중앙회가 특정한 기준을 만들어 다음과 같이 술 이름을 통일시 켰다. 2003년에 '청주 제조법 품질 표시 기준'의 일부를 개정한 바 에 따르면, 음양주(吟釀酒), 대음양주(大吟釀酒), 순미주(純米酒), 순미음 양주(純米吟釀酒), 순미대음양주(純米大吟釀酒), 특별순미주(特別純米酒), 본양조주(本釀造酒), 특별본양조주(特別本釀造酒)의 여덟 종류로 명칭을 간략화하였다. 그러나 일본의 술 문화를 제대로 알려면 이전에 사용 하던 기준이 적합하다고 생각된다.

1) 생일본(生一本): 한곳의 양조장에서 양조한 순미주

2) 생주(生酒): 거르지 않은 술을, 짜기만 하고 가열 처리하지 않은 술

3) 생저장주(生貯藏酒): 거르지 않은 술을 짠 후, 가열 처리하지 않고 저장한 다음 출하할 때 가열 처리한 술

4) 원주(原酒): 거르지 않은 술을 짠 상태에서 물을 넣지 않은, 알코올 농도가 높은 술

5) 통술(樽酒): 목제 술통에 저장하여 나무 향이 밴 청주를 술통이나 병에 담은 술

6) 순미양조(純米醸造): 쌀, 쌀누룩, 물만을 원료로 한 술

7) 본양조(本醸造): 쌀, 쌀누룩, 물 이외에 양조용 알코올을, 원료인 쌀 1톤당 120L 이하의 비율로 넣은 술

8) 음양(吟醸): 순미 또는 본양조이며, 여기에 정미 비율이 60% 이하인 백미를 사용한 술로 담백한 맛의 최고급품

9) 손으로 만든 술: 옛날 방식으로 쌀을 찌고 누룩을 만든 술

10) 비장주(秘藏酒): 제조 후 5년 이상 저장하여 숙성시킨 술

또한 '청주 제조법'은 일본주를 '쌀, 쌀누룩 및 물을 원료로 하여 발효시키고 여과시킨 술'로 정의했다. 1923년에 개발된 술쌀 '야마다니시키(山田錦)'가 양조미로 유명한데, 이처럼 큰 입자의 멥쌀에 황국균(黃麴菌)과 효모를 첨가하여 만드는 술이 일본주이다.

일본주를 중국의 황주와 비교하면, 중국 황주의 원료는 기장이나 찹쌀이고 벽돌 형태의 딱딱한 누룩곰팡이(병국)를 사용하는 데 비해, 일본주는 멥쌀을 원료로 하고 누룩곰팡이를 이틀 정도 번식시킨 산국(散麴)을 사용한다는 점이 특색이다. 이 누룩은 일본 고유의 것이다.

무로마치 시대에 시행된 가열 살균

8세기의 『하리마노쿠니(播磨國) 풍토기』에는 물에 적셔 곰팡이를 피운 말린 밥으로 술을 만든다고 기록되어 있는데, 이때 이미 누룩을 사용하여 탁주를 만들었음을 알 수 있다. 고대 일본에서는 술 양조를 '빚다'라고 했는데 '누룩('국(麴)'의 의미)'으로 술을 만들었다는 데에서 유래한다는 설이 있다.

헤이안 시대(794~1192)의 『엔기시키(延喜式, 율령 시행 세칙-역주)』에 술 제조법, 술 종류가 기록되어 있다는 것은 일본주 양조의 기초가 헤이안 시대에 이미 만들어졌다는 이야기가 된다. 궁정 행사에 필요한 술을 직접 궁정에서 만들었던 관습은 고대 중국과 똑같다.

가마쿠라 시대(1192~1333)가 되자 상품을 거래하는 장소인 시장이 성장하고, 막부나 사원으로부터 허가를 받은 업자인 '술집(酒屋)'이 술 제조를 담당했다. 무로마치 시대(1336~1573)에는 술집의 수가 증가하여 술집에 부과된 세금이 정부의 중요 재원이 되었다. 술 판매가 민간으로 확대되었다는 사실을 알 수 있다.

일본에서는 술 제조 기술을 주로 사원의 승려가 개발했다. 비단에 여과시킨 '모로하쿠(諸白, 맑은 청주) 제조', 산단지코미(三段仕込み, 일본주 담금 과정 중 밑술에 쌀, 누룩, 물 등을 세 차례로 첨가하는 방법-역주) 등의 신기술은 모두 승려가 개발한 것이다. 1478년부터 약 140년 동안의 양조 기록을 담은 『다몬인(多聞院) 일기』의 1568년 정월 편에는 발효를 멈추는 기술로 열을 가하는 처리를 했다고 기록했다. 구체적으로는 한 영민한 승려가 나라현 코후쿠지(興福寺)의 탑두(塔頭)에 '다몬인(多聞院)'에서 실시한 술 제조법을 기록했는데, 겨울에 양조한 술의 화락(火落, 부패)을 방지하기 위해 '술을 끓이는', 즉 가열 처리를 했다는 것이다. 유럽에서는 19세기 후반에 파스퇴르가 저온 살균법을 개발하여 비로소 맥주, 와인을 대량 제조하게 되었으나, 일본에서는 무로마치 시대에 이미 가열 살균 기술을 알고 있었다.

술로 연결된 에도 시대의 간선 항로

에도 시대가 되자 이타미(伊丹, 효고현), 이케다(池田, 오사카부), 무코(武庫)강 하구부터 이쿠타(生田)강 하구에 이르는 오사카만 연안의 나다고고(灘五郷, 일본을 대표하는 나다 지역 5곳의 양조장-역주)가 '모로하쿠' 제조로 유명해졌다. 나다는 롯코산 기슭에 있으며, 길이가 24km에 달하는 해안 지대이다. '효고, 니시노미야의 좋은 술'로 유명한 청주는 다루카이선을 이용해 인구 100만 명이 넘는 대규모 술 소비지인 에도로 보내졌다. 다루카이선은 '다루선(樽船)'이라고도 하는데, 오사카, 니시노미야의 해상 운송선으로서 도매상이 사용했던 대형 나무 범선이다. 다른 상품은 취급하지 않고 오직 술 도매상이 위탁한 술만 전담해서 운반했다. 단기간 수송이 생명인 술의 경우, 하역을 효율적이고 원활하게 처리해야 했기 때문에 술 전문 수송선이 탄생한 것이다.

19세기에는 약 100kg짜리 돌 1,800개를 선적할 수 있는 배가 수송의 중심이 되었고, 한 척에 4두 나무통(약 72L)을 2,800개 이상 실었다고 한다. 청주는 에도 시대에 일본 열도를 동서로 연결하는 바다의 대동맥을 형성했다고 해도 과언이 아니다. 기분 좋은 취기를 운반하기 위한 항로이다.

나다의 술집은 술 저장고의 내부 온도를 일정하게 맞추고 양조에 적당한 환경을 유지하기 위해 창문이 적은 토벽으로 이루어졌다. 이 술집을 '구라(蔵, 창고)'라고 불렀는데, 구라에서는 잡균의 번식이 약한 겨울에 양질의 술을 양조하는 것이 가능했다. 이 때문에 겨울철 농한기에 농민이 객지로 돈을 벌러 나가게 되었는데, 이들이 술을 만드는 집단, '도지(杜氏)'이다. 그들은 11월부터 3월까지 약 100일 동안 객지로 나가 돈을 벌었기 때문에 '백일 벌이'라고도 불렸다. 나다의 술을 지킬 수 있었던 힘은 단바(丹波, 교토부 중부와 효고현 중동부-역주)에서 활약했던 도지의 역량 때문이었다. 이들 도지는 점차 전문적인 기능 집단으로 발전하여, 각지에서 활약하며 일본주 양조 기술 발달에 큰 역할을 담당했다.

5

잉카 제국의 옥수수술 치차

태양의 처녀가 양조한 술

신대륙에서도 옛날부터 주요 곡물인 옥수수를 원료로 하는 다양
한 술을 만들어왔다. 대표적인 것으로 잉카 제국(1200년경~1532)의 신
성한 술 '치차'를 들 수 있다.

잉카 제국의 쿠스코(Cusco)는 수도이면서, 동시에 태양신 신앙의
총본산이었다. 태양신인 잉카(왕)가 사는 이 성스러운 도시는 우주의
중심이라고 여겨졌다. 표고 3,400m 고지에 건설된 쿠스코는 케추아
어(잉카 문명권의 공용어-역주)로 배꼽이란 뜻인데, 중심을 의미할 것이다.

신 잉카를 모시기 위해 전국에서 엄선되어 쿠스코에 모인 젊은 여
성들을 아크라(태양신에게 봉사하는 처녀)라고 불렀다. 그녀들은 아크라
와시(Acllawasi, 처녀의 숙소)에서 집단생활을 하고 술 양조, 실잣기, 직물

재배 등의 일을 했다. '치차'는 그녀들이 옥수수를 씹어서 뱉은 타액으로 발효시킨 술이다.

쿠스코의 중심에는 거대한 태양 신전이 세워져 있다. 쿠스코를 방문한 스페인인 아코스타는 12월에 열리는 카팍 라이미(Capac Raymi)라는 대축제 기간 중에는 성스러운 도시의 원주민이 아닌 사람은 도시 밖으로 쫓겨나고, 아크라가 만든 옥수수 경단이 전국에 있는 신전 등 성지와 각지의 크라카(수장)에게 배포되었다고 기록했다. 제사를 올릴 때는 요소요소에 치차가 봉헌되며 술이 큰 역할을 담당했다.

6월에는 '인티 라이미(Inti Raymi, 태양의 축전)'라고 하는 제국 최대의 축제가 열렸다. 스페인인의 기록에 따르면, 축제 당일 잉카는 친족들과 함께 쿠스코 광장에서 떠오르는 아침 해를 숭배하고 치차가 들어

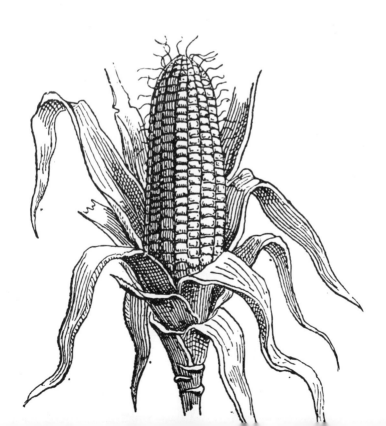

있는 잔을 높이 들어 태양에게 바쳤다. 이어서 태양에게 바친 치차를 석조 도관으로 늘어선 태양 신전을 향해 쏟아붓고, 친족들과 치차 술잔을 주고받았다. 광장에 모인 사람들에게도 아크라들이 돌아다니며 술을 따라주었다.

서구 문명을 담은 치차

잉카 제국 사람들은 제국의 수도 쿠스코에 있는 태양 신전을 기준으로 하여 여러 방향으로 세케(ceque)라는 상상 속의 직선이 펼쳐져 있다고 생각했다. 그들은 각 세케를 따라 와카(예배당)를 세우고, 쿠스코의 신성한 몇몇 가문이 와카의 관리를 담당했다. 잉카 제국은 태양 신앙으로 유지되는 종교 국가였다. 각지의 농지는 '태양의 밭', '잉카의 밭', '주민의 밭' 등 세 부분으로 나뉘었으며, '태양의 밭'과 '잉카의 밭'은 사람들이 공동으로 일구었다. 민중과 결실을 선사해주는 잉카 사회의 일종의 기브 앤드 테이크였다.

잉카는 지방에도 '처녀의 숙소'를 만들어, 태양신을 위해 일하는 아크라가 만든 치차를 '태양의 밭'이나 '잉카의 밭'에서 농경에 종사하는 사람들에게 나누어주었다. 치차를 나누어 받는 일은 민중에게 큰 기쁨이었다. 1532년에 잉카 제국이 스페인인 피사로에게 멸망당한 후에도 사람들은 치차를 계속 마셨고, 축제에서 여전히 중요한 역할을 담당했다. 스페인인도 잉카의 술 문화를 정복할 수는 없었다.

현재의 치차는 옥수수를 타액으로 발효시키는 전통적인 방법으로 만들지 않는다. 옥수수를 물에 재운 후 며칠 동안 멍석을 덮어 발아시키고, 발아시킨 옥수수를 햇볕에 건조시킨 후 맷돌로 갈아 가루를 만들어 냄비에 넣고 끓인 후, 며칠 동안 항아리에 넣어 숙성시키는 방법으로 양조한다. 이 양조법은 스페인인이 유럽에서 가지고 온 방법이었다. 잉카 문명의 술 문화도 유럽의 술 문화를 받아들이며 모습을 바꾸었다.

3장

이슬람 세계에서
동서로 전해진
증류주

증류주와 혼성주는 모두 증류를 전제로 한 것으로, 약 천수백
년 전에 이슬람 제국에서 사용한 증류 기술이 개량되어 출현한
새로운 종류의 술이다. 증류는 그 자체로 술의 세계를 단숨에
확대한 위대한 혁명이었다고 할 수 있다.

1

중국 연금술과
그리스 연금술의 결합

장대한 문명의 교류가 탄생시킨 증류주

술은 양조주와 증류주, 혼성주(리큐어, Liqueur)의 세 종류로 구분된다. 양조주를 가열하고, 증류하여 알코올 농도를 높인 술이 증류주이다. 증류주는 포도로 만드는 브랜디(Brandy), 사과로 만드는 칼바도스(Calvados), 버찌로 만드는 키르슈바서(Kirschwasser), 곡물로 만드는 위스키(Whisky), 진(Gin), 보드카(Vodka), 고구마류로 만드는 아쿠아비트(Aquavit), 소주와 사탕수수로 만드는 럼(Rum), 용설란으로 만드는 데킬라(Tequila) 등 종류가 많다.

증류주에 허브, 향신료, 과실, 사탕수수, 착색료 등을 첨가하면 혼성주가 된다. 혼성주는 중세 유럽의 연금술사가 불로장생의 술을 만들려고 했던 데에서 유래하며, 수도원에서 약용주로 활발히 만들었으나, 18세기 이후 설탕이 보급되면서 현재와 같이 다종다양하게 만들어졌다. 증류주와 혼성주는 모두 증류를 전제로 한 것으로, 약 천수백 년 전에 이슬람 제국에서 사용한 증류 기술이 개량되어 출현한 새로운 종류의 술이다. 증류는 그 자체로 술의 세계를 단숨에 확대한 위대한 혁명이었다고 할 수 있다.

증류란, 물의 끓는점이 100도인 데 반해 알코올의 끓는점이 약 78도라는 점을 이용해 고농도의 알코올을 얻는 방법이다. 술을 증류기에 넣고 가열하면 처음에는 알코올 농도가 높은 증기가 발생한다. 이 증기를 채취하여 식히면 고농도의 알코올음료를 얻을 수 있다. 한 번씩 증류를 반복하는 단식 증류기(포트 스틸, pot still)를 사용하면 한 번에 세 배 짙은 농도의 알코올을 얻을 수 있으며, 이를 다시 증류하면 60%에서 70% 농도에 달하는 알코올음료를 얻을 수 있다.

증류 기술의 중심에는 말할 것도 없이 증류기가 있다. 원래는 술을 제조하기 위해 고안해낸 기구가 아니고, 금속을 변질시켜 귀금속을 얻기 위한 도구로 연구한 것이었다. 증류기의 개발과 개량은 이슬람 제국이 힘을 쏟은 것인데, 그 배경에는 이슬람 상권 내에서 대규모로 이뤄진 동서 문명 간 교류가 있었다. 『코란』에서 음주를 금지시킨 이슬람 세계에서 증류 기술이 발달했다니, 아이러니하다.

이슬람 세계의 증류기는 본래 연금술로 금이나 은을 인공적으로 만들기 위한 도구였다. 철, 납 등의 비금속을 금, 은 같은 귀금속으로 변화시켜 한몫 잡으려고 했던 연금술사들의 반복된 실험이 뛰어난 증류기를 개발해낸 것이다. 전통적으로 점성술이 발달했던 서아시아에서는 실험 실패의 원인을 별의 운명으로 설명했기 때문에, 실패가 거듭됨에도 불구하고 끈기 있게 실험을 반복할 수 있었다.

'땀'이라 불렸던 증류기

이슬람 세계에서 연금술이 발달할 수 있었던 계기는 중국 문명과의 만남이다. 중국에서 불로장생의 약을 만들기 위해 시도한 '신선술(神仙術)'이 모습을 바꾸어, 인위적으로 귀금속을 만들고자 한 '연금술'이 되었고, 이 과정에서 '알렘빅(Alembic)'이라는 증류기가 탄생하였다. 알렘빅은 아라비아어로 '땀'을 뜻하는데, 증기가 증류기 안에서 물방울이 되어 똑똑 떨어지는 모습에서 붙여진 이름이다.

이슬람 세계에서는 알렘빅을 술 제조가 아니라 주로 향수를 정제

중세 원고에 나오는 알렘빅 그림

하는 데 이용하였다. 그러나 유라시아의 동과 서, 아메리카 대륙으로 전해진 알렘빅은 각지의 양조주에서 다양한 종류의 증류주를 탄생하게 했다. 유럽의 위스키, 브랜디, 보드카, 진, 서아시아에서 동남아시아로 퍼진 아

락, 중국의 백주, 일본의 소주, 멕시코의 데킬라 등은 모두 알렘빅이 전 세계로 확산되면서 탄생한 술이다. 역사 교과서에는 기록되지 않은 장대한 문명 교류의 드라마가 다양한 증류주를 만들어 선술집을 찾는 남자들의 심금을 울렸다.

저명한 중국 과학사가 조지프 니덤(Joseph Needham)은 이슬람 연금술의 기원을 고대 그리스에서 찾는 기존의 설을 비판하면서, "중국에만 있었던 불로불사의 영약이라는 개념이 우선 아라비아인에게 전해졌고, 뒤이어 비잔티움 제국 사람들에게, 그리고 끝으로 로저 베이컨(Roger Bacon, 1214~1294) 시대를 산 프랑크족이나 라틴족에게 전달되어 화학 약품을 만들려는 운동이 시작되었다"라고 썼다. 이슬람 연금술의 기원을 중국에서 찾은 것이다.

다시 읽는 '불사의 약'

중국에서는 3세기에 갈홍(葛洪)이 『포박자(抱朴子) 내편』을 저술하고 납에 금과 수은을 섞어 영약을 조합하는 방법을 밝혔다. 갈홍이 중시한 것은 변화하고 회귀하는 성질의 단사(丹沙, 유화수은(HgS)을 뜻하며 가열하면 수은이 되고 방치하면 단사로 되돌아간다)와 영원히 불변하는 금을 조합하여 얻은 불사의 약 '단(丹)'이었다. 단은 납이나 은 등을 금으로 바꾸는 작용을 한다고 주장했다.

5세기에 도교가 성립되자 연금술이나 연단술(煉丹術)이 불로불사를 얻는 확실한 방법으로 인정받으며 크게 유행했다. 도사들은 도교의 최고신을 모시며, 금이나 은, 자기로 된 다양한 형태의 화로를 만들어 어떻게 해서든 단이라는 불로장생의 약을 만들려고 실험을 거듭했다. 중국에서 연단술이 가장 성행했던 시기는 위진남북조(221~589)에서 당(618~907) 시대까지로, 당대에는 수은이 들어간 단을 마시고 많은 황제가 목숨을 잃었다. 그러나 뒤이어 송이 들어서면서 점차 단의 효과에 의문이 제기되었고, 연단술은 사라져갔다.

당대에 중국에 진출했던 이슬람 상인이 연단술을 알게 되었는데, 천국을 믿는 그들은 불사의 약에는 흥미를 보이지 않았고 금속을 변화시키는 연금술의 측면에 주목했다. 연단술을 잘만 응용하면 귀금속을 제조할 수 있을 것이라 믿었던 것이다. 중국의 연단술은 아바스 왕조(750~1258)가 유라시아를 아우르는 거대한 교역망을 개척한 8세기에, 그 모습을 바꾸어 이슬람 사회로 이식된 것으로 생각된다.

아바스 왕조 시대에는 페르시아만에 위치한 시라프항과 당의 광저우를 잇는 해상 교역이 활성화되어, 많은 이슬람 상인이 광저우 등지에 장기간 머물렀다. 특히 광저우에는 번방(蕃坊)이라는 외국 상인들의 거류지가 형성될 정도였다. 당나라 말에 황소의 반란군이 이곳을 침략했을 때 12만 명이 넘는 외국 상인이 살해되었다는 이슬람 측의 기록이 있는데, 번방의 규모를 미루어 짐작할 수 있다. 장기간 체류한 수많은 이슬람 상인 중에 도사로부터 연단술을 배워 이슬람 세계로 전한 사람이 나왔다고 해도 결코 이상하지 않다. 그리고 자신들의 필요에 맞는 형태로 연단술을 재해석했을 것이다.

당시 이슬람 세계는 경제 규모가 유라시아를 아우르며 확대되는 중이었는데, 거래에 필요한 금과 은을 경제 규모의 확대 속도에 맞추어 충분히 공급하지 못하는 것이 골칫거리였다. 따라서 수표 제도가 발달했는데, 제국의 수도인 바그다드에서 발행한 수표를 북아프리카의 모로코에서 현금화할 수 있을 정도였다고 한다. 연금술은 지속적으로 팽창하는 이슬람 경제의 요청을 받아들이는 형태로 진보했다. 연금술(알케미Alchemy, 아라비아어의 al-kimia에서 유래), 알코올(아라비아어의 al-koh'l에서 유래), 증류기(알렘빅Alembic, 아라비아어의 al-anbiq에서 유래), 연금약(엘릭시르elixir, 아라비아어의 al-iksir에서 유래) 등의 단어가 모두 아라비아어에서 유래되었다는 사실은 이슬람 세계에서 연금술이 발달한 사실을 여실히 보여준다.

금속의 변질에 필요했던 증류기

이슬람 세계 최고의 연금술사는 유럽에서 게베르(Geber)라고 알려진, 자비르 이븐 하이얀(Jabir ibn Hayyan, 722~804)이었다. 아바스 왕조 초기에 활약한 인물로, 그의 생애는 수수께끼에 쌓여 있다. 하이얀은 아리스토텔레스의 광석과 금속 이론, 중국의 연금술 등을 바탕으로 하여 독자적인 연금술 이론을 펼쳤다. 그는 모든 금속은 남성 원리인 유황과 여성 원리인 수은이 결합하여 형성된 것으로, 물질의 전환이 가능하다고 역설했다. 양자의 조합을 변화시킴으로써 비금속을 귀금속으로 전환할 수 있다는 것이었다.

유황은 금속의 염색을 중점적으로 연구하던 이집트의 연금술에서도 금속을 황금으로 만드는 물질로 주목받았다. 수은은 고체, 기체, 액체로 변화무쌍하게 형태를 바꾸는 특수한 물질로, 금이나 은을 녹여 아말감으로 만드는 금속으로 주목을 받았다. 하이얀은 연금술의 목적을 세상의 모든 조화(미잔, 저울의 의미)를 추구하는 데에 있다고 했으며, 조화를 이루는 물질을 '알 익시르'이라고 불렀다. 아라비아어의 정관사 알을 뺀 '익시르'는 후에 유럽에서 '엘릭시르('현자의 돌', 비금속을 귀금속으로 바꾸는 연금석)'로 불리게 된다.

그의 뒤를 이은 연금술사들은 금, 수은, 유황, 소금, 비소, 산 등을 다루며 시약이나 실험 방법에 있어 폭넓은 지식을 갖추게 되었다. 그중에서 이슬람 연금술에서는 고체를 액체로 바꾸고 이를 다시 기체로 바꾸는 증류야말로 귀금속 생성의 열쇠로 자리 잡게 되었다. 실험이 거듭되면서 증류기(알렘빅)도 개량되었다. 연금술사들은 이 도구가 후대 사람들에게 증류주라는 새로운 술을 만들어줄 것이라고는 전혀 생각하지 못했을 것이다.

알렘빅은 상인들의 활발한 상업 활동을 통해 이슬람 세계로부터 유라시아의 동과 서 양방향의 광활한 지역으로 서서히 퍼져나갔다. 동쪽의 아락과 소주, 서쪽의 위스키와 브랜디, 러시아의 보드카와 같은 새로운 종류의 술, 즉 증류주가 각지에서 출현하였다.

2

『코란』도 막지 못한 음주

음주는 천국에서 하라

현재 전 세계 인구의 1/5을 차지하는 약 13억 명의 이슬람교도는 신의 말씀이 적힌 『코란』의 명에 따라 음주를 금하고 있다. 전승에 따르면 창시자 무함마드가 친구 결혼식에 참석한 다음 날, 술 때문에 일어난 싸움으로 유혈이 낭자한 참사를 목도하고 난 후 술을 저주하며 신도들에게 음주를 금했다고 한다. 무함마드 자신도 그다지 술을 좋아하지 않았던 것일까? 이슬람교도에게 세속 생활의 기준을 제공하는 『코란』은 도박, 점술, 우상숭배 등과 함께 음주를 사탄의 장난이라며 금지한다. 메소포타미아, 이집트 문명 이후에 이어진 서아시아와 중앙아시아의 장구한 음주 문화는 이슬람교의 교리에 따라 쇠퇴하였다.

전통적인 와인 양조법의 일부가 남아 있긴 하지만 전체적으로 퇴보하여, 포도 재배는 식용과 건포도용으로 전환되었다. 그렇기 때문에 이슬람 세계의 증류 기술은 주로 장미수를 만드는 등의 향유, 향료 정제에 활용되었다. 그러나 아무리 『코란』이 음주를 금지했다 하더라도 예전부터 익숙했던 술과 결별하기란 쉬운 일이 아니다. 여러 가지 이유를 붙여 이슬람 세계의 술은 생명을 유지했다. 겉과 속은 다른 법이다. 『코란』은 천국에 가면 술을 마실 수 있다고 약속했지만, 마시고 싶은 마음이 드는 때는 지금이다.

이슬람 제국의 심장부 이라크에서는 메소포타미아 문명 시대부터 대추야자 열매를 원료로 간단한 증류기인 알렘빅으로 증류한 술 아락을 마실 수 있었는데, 이 술은 지금도 여전히 즐겨 마시고 있다. 또한 옛 페니키아인 레바논에서도 포도를 원료로 하는 아락을 만들었다. 이처럼 중동 일부 지역에서는 증류기가 증류주 제조에 역할을 다하고 있었다.

술은 아담 이전부터 있었다?

아바스 왕조 초기에도 공공연하게 와인이나 야자주를 마셨다. 이 시기에 대놓고 음주의 즐거움을 노래한 '술의 시인'이 있었으니, 아부 누와스(Abu Nuwas, 756~814)이다. 그의 시는 이슬람 세계에서 사랑을 받으며 많은 사람들이 즐겨 읊었다. 그는 『아라비안나이트』에도

아부 누와스(Abu Nuwas, 756~814)

등장하기 때문에 상당한 유명인이었다고 생각된다. 아부 누와스는
이렇게 노래했다.

그래도 나는 술잔이 좋아, 가령 재산을 탕진하고 평판을 잃더라
도.
황금색 술, 페르시아인 장로들이 칭송한 그 무엇과도 비교할 수
없다.

아담 창조 이전에 만들어져 아담보다 먼저 존재했네.

술의 무엇인가가 당신을 사로잡았으나 그것은 예지의 본능으로만 느낄 수 있는 느낌이라네.

술 표면을 바라다보면 그것은 막힘없이 맑고 청아하게 흘러간다. (『아랍 음주 시선(詩選)』)

아부 누와스의 시는 인류의 시조인 아담이 출현하기 이전부터 술은 존재했다며 음주를 찬양하는데, 어딘가 어긋난 도리의 괴로움과 진지함이 엿보인다. 이슬람교의 엄격한 계율이 관념에서 떠나지 않아서일까, 아니면 사회적인 체면과 삶의 기쁨 가운데 끼어 고뇌했기 때문일까? 많은 아랍인이 그의 시를 사랑하는 이유도 이러한 감정에 공감하기 때문일지도 모르겠다.

음주 습관을 버리지 못한 터키인

중앙아시아에서 유목 생활을 하던 터키인은 수니파와 시아파의 항쟁으로 혼란스러웠던 아바스 왕조에 용병으로 채용되었다가, 결국 이슬람 제국을 점령했다. 그들은 15세기에서 16세기에 걸쳐, 이슬람 제국과 로마 제국의 영광을 이은 3대륙에 걸친 거대한 오스만 제국을 건설했다.

오스만 제국의 영광을 계승한 터키 공화국은 인구의 90% 이상이 이슬람교도이나 당당하게 '라키(Raki)'라는 강렬한 술을 마신다. 『코란』이 요구하는 금주는 절도가 없는 음주를 벌한다는 의미일 뿐, 적당한 음주는 지장이 없다는 작의적인 해석이 터키 사회의 음주 규칙이기 때문이다. 터키인은 이슬람 신앙과 음주를 유연하게 양립시켰다.

라키는 익숙해지지 않으면 웬만해서는 마실 수 없는 독한 증류주로, 증류주를 의미하는 아라비아어 아락의 생략형 명칭이다. "라키를 마실 수 있다면 못 마시는 술이 없다"라는 말이 있을 정도로 독한데, 익숙해지면 꽤 맛있는 술이다.

라키는 으깬 포도 가지에 아니스(Anis, 회향, 미나릿과의 1년초-역주)를 첨가하여 발효한 것으로, 증류기로 여러 번 증류시켜서 알코올 도수를 높여 가장 낮은 도수가 45도이고 종류에 따라서는 70도에 달한다고 한다. 라키는 본래 무색투명하지만, 물을 넣으면 술에 함유된 아니스가 콜로이도 상태로 변해 완전히 탁한 흰색이 된다. 라키를 '사자의 젖(Lion's milk)'이라고 부르는 것은 이 때문이다.

원래 중앙아시아 초원에서 마유주를 마셨던 터키인에게 유백색의 술은 익숙한 술이었을 것이다. 오스만 제국의 지배를 받던 그리스에도 '우조(Oύζο)'라는 똑같은 술이 있다.

3

~

이슬람 상권이
러시아에 탄생시킨 보드카

최대한 물에 가까워지고 싶다

러시아는 겨울이 긴 혹한의 나라이며, 여러 큰 강이 흐르고 있는 숲의 나라이기도 하다. 이러한 숲의 나라 러시아에서 공들여 탄생시킨 증류주가 알코올 도수 40%에서 50%에 달하는 '보드카(Vodka)'이다.

보드카는 러시아어로 물을 뜻하는 바다(вода)란 말이 변한 애칭으로, 물이나 액체 자체를 의미한다. 보드카는 매우 강한 술이지만, 러시아인에게 있어서는 물에 가까운 이미지이다. 그도 그럴 것이 보드카는 원료에 대한 번거로운 규제가 없고, 양질의 알코올 성분을 함유하기만 하면 인정되기 때문이다. 그래서 원료로 보리, 밀, 감자 등 여러 가지의 곡물을 사용한다. 이렇게까지 다양할 수 있을까라고 생각이 들 정도인데, 철저한 증류 과정을 거치기 때문에 전분만 있으면 원료는 무엇이든 상관없다.

보드카는 정밀한 증류기로 증류시킨 후, 자작나무 활성탄을 빈틈 없이 채운 여과통에 천천히 여러 번 통과시켜 불순물을 제거하고 최대한 물에 가깝도록 만든다. 불순물을 제거하는 데다, 마지막에는 불순물을 0.2% 이하로 낮추기 때문에 사실 엄청난 노력이 필요하다. 술에서 불순물을 제거한다는 것은 동시에 술의 향기나 풍미도 함께 제거하는 걸 의미하지만, 그래도 상관없다.

1810년에 상트페테르부르크의 약제사 안드레이 스미노프가 활성탄을 사용한 여과법을 고안한 이후, 보드카는 거의 특유의 향이 나지 않는 술이 되었다. 무취와 무색투명, 이것이 보드카의 특색이다. 저장할 때도 향이 배는 나무 술통은 사용하지 않고, 스테인리스나 법랑 탱크를 사용할 정도로 웬만해서는 불필요한 맛이 나지 않도록 철저하게 관리한다. 보드카는 19세기에 들어 귀족들이 즐겨 마시는 알코올음료의 자리를 차지하게 되었다. 그러나 독한 술은 인간에게 해가 되기 마련이다. 러시아 제국의 마지막 황제 니콜라이 2세는 건강을 해친다는 이유로 보드카의 도수를 40도로 제한했다.

보드카는 위스키나 브랜디처럼 숙성 과정에서 새로운 향을 첨가하여 풍미 있는 알코올음료로 만들겠다는 발상이 전혀 들어가 있지 않은 술이다. 오직 불필요한 요소를 철저하게 제거하여 순화해간다는 생각으로 만든다. 그리하여 종국에는 숲의 여왕인 자작나무 수액과도 같이 특색이 전혀 없는 술만 남는다. 보드카는 일반적으로 광천수 또는 토마토 주스를 넣어 마신다.

유라시아 대초원을 개척한 러시아

보드카 제조의 역사는 매우 오래전으로 거슬러 올라간다. 모스크바 대공국(1283~1547) 시대에 작성된 기록에 농민이 마시는 지역주로 보드카가 등장한다. 11세기에 이미 폴란드에서 마시던 술이란 설도 있다. 어느 쪽이든 러시아가 몽골인의 지배하에 들어간 13세기에는

보드카를 마시고 있었다. 증류주 보드카의 역사는 길다.

이슬람 세계에서 개발된 증류기는 어떻게 러시아로 들어왔을까. 러시아는 바그다드에 대량의 모피를 공급하고 있었고, 카스피해와 볼가강 너머에 있는 이슬람 문명의 영향을 강하게 받았다. 따라서 러시아의 증류기는 스페인을 통해 유럽으로 전달된 경로가 아니라, 이슬람 세계로부터 볼가강을 경유하여 직접 러시아로 들어왔을 것으로 추정된다. 러시아는 13세기부터 15세기까지 '타타르의 멍에'라고 불리는 몽골의 지배를 받는데, 러시아의 중심부를 흐르는 볼가강 하류의 도시 사라이를 수도로 하는 킵차크한국에 의한 지배가 그것이다. 중앙아시아의 유목민인 몽골인과 터키인이 남쪽에서부터 러시아를 지배했다. 이때 몽골인과 함께 많은 이슬람 상인이 러시아에 진출했는데, 당연히 이슬람 문화의 일부로서 증류기 알렘빅이 전파되었을 것이다.

유럽 여러 지역에서 증류주를 생명수라고 불렀는데, 러시아에서도 처음에는 증류주를 지즈넨니 바다(Жизненныйвода, 생명수)라고 불렀다. 그러다 물을 뜻하는 러시아어인 바다(Вода)라고만 부르게 되었고, 16세기 이반 뇌제(雷帝, 이반 4세의 별명-역주) 시대에 이르러서는 바다의 애칭인 보드카로 호칭이 바뀌었다. 물을 뜻하는 바다로만 부르게 된 이유가 증류주가 일상화되었기 때문인지, 술을 의미하는 호칭을 싫어해서인지는 확실하지 않다.

러시아혁명과 보드카의 세계화

한랭 지대인 러시아에서는 마시면 몸이 불처럼 뜨거워지는 술 보드카가 생활필수품이나 다름없었다. 막대한 양의 보드카가 소비되었는데, 19세기 러시아 제국의 재원 중 30%가 보드카로부터 나오는 주세라고 할 정도였다. 그러다가 흥미롭게도 1917년에 발발한 러시아혁명을 계기로, 보드카는 세계의 명주로 탈바꿈하였다.

혁명 정부는 한때 보드카의 제조 및 판매를 금지했는데, 혁명을 피해 파리로 망명한 우라지밀 스미노프가 보드카를 제조하기 시작하였고 이를 계기로 유럽에 보드카가 널리 퍼지게 된 것이다. 또한 세계공황 후 미국에서 금주법이 폐지되자, 미국으로 망명한 러시아인 크넷이 미국의 거대한 술 시장을 주목했다. 1933년, 크넷은 스미노프 보드카의 미국과 캐나다에서의 제조권과 독점 판매권을 구입해 대량 생산에 나섰다. 보드카는 칵테일의 베이스로 크게 애용되었고, 미국은 순식간에 세계 굴지의 보드카 소비국이 되었다.

4

~

페스트의 공포가 키운
브랜디와 위스키

절망과 공포가 낳은 '스피릿'

증류기는 지중해를 경유하여 유럽으로 흘러 들어갔고, 새로운 술 문화를 개척했다. 참고로 증류란 알코올 성분을 함유한 액체를 가열하여 알코올 등의 휘발성 성분을 증발, 기화시킨 후 이것을 냉각기로 식혀 액체로 바꾸어 회수하는 과정이다. 이러한 순서로 만들어지는 알코올음료가 증류주이다.

이슬람 세계에서 탄생한 증류기 알렘빅은 이집트로 전해졌고, 북아프리카를 지나 이슬람교가 지배한 이베리아반도를 거쳐 유럽으로 전해졌다. 아라비아어인 알렘빅은 스페인어의 'alambiqué', 프랑스어의 'alambic', 영어의 'alembic' 등으로 바뀌었는데, 증류기가 이슬람 세계에서 유럽 각지로 전파되었음을 입증하는 사례이다.

유럽에서 증류기를 이용한 새로운 종류의 술, 증류주가 탄생한 계기는 14세기 중반에 전 유럽인을 죽음의 공포로 떨게 한 페스트(흑사병)의 유행이었다. 중앙아시아를 거쳐 유럽으로 전해진 페스트에 대한 공포로 사람들이 생명수를 찾아 헤매게 된 것이다.

페스트는 쥐에 기생하는 벼룩을 매개로 하는 중국 운남 지방의 풍토병이었는데, 몽골 제국의 확장과 함께 유럽으로 건너갔다. 1347년부터 70년 동안 페스트가 크게 창궐하여 유럽 총인구의 거의 1/3에 해당하는 2,500만 명에서 3,000만 명이 목숨을 잃었다고 한다. 이집트나 북아프리카의 상황도 마찬가지였다. 페스트의 대유행은 인류의 멸망을 예감시킬 정도로 끔찍했다. 그런 와중에 '불사의 영이 깃든 술(靈酒)'인 생명수를 마시면 절대 페스트에 걸리지 않는다는 근거 없는 낭설이 유포되었다. 매달릴 수 있는 것이면 무엇이든 매달리고 싶어 하는 절망적인 분위기 속에서 생명수가 확산되었다.

14세기 중반, 백년전쟁(1339~1453)이 발발한 와중에 페스트까지 유행한 프랑스에서 알렘빅으로 증류한 새로운 종류의 술이 출현했다. 브랜디를 '오드비(Eau de vie, 생명수)'라고 부르는 이유가 여기에 있다. 와인을 증류한 브랜디는 '오드비 드 뱅(Eau de vie de Vin)'이라고 부른다. 당시 사람들은 증류주의 알코올 도수가 높아 불을 붙이면 불꽃이 이는 모습을 보고, 술 속에 있는 불의 정기가 신체에 활기와 정력을 가져다줄 것이라고 생각했다. 그런 의미에서 독한 증류주를 '스피릿(Spirit, 영혼)'이라고 부르게 되었다.

생명을 지키는 마법의 물을 제조하는 방법이 비정상적인 사회 상황을 배경으로 유럽 각지로 전파되었다. 가령 '위스키(Whisky)'의 어원은 켈트어로 생명수를 의미하는 '어스퀴보(Usquebaugh)'이고, 이 말이 나중에 위스키라는 이름으로 바뀌었다. 북유럽의 증류주 '아쿠아비트(Aquavit)'도 라틴어의 '아콰 비타이(Aqua vitae, 생명수)'에서 유래했다. 맹위를 떨치던 페스트가 증류주라는 새로운 음주 문화를 널리 보급했던 것이다.

이런 상황에서 수도원에서는 생명수에 약초를 넣은, 생명을 유지하기 위한 비약을 활발하게 만들었는데 이때의 활동이 많은 리큐어의 탄생으로 이어졌다. 프랑스의 라 그랑드 샤르트뢰즈(La Grande Chartreuse) 수도원에서 만든, 백포도주를 증류한 브랜디에 130종류의 약초를 첨가하여 만든 '샤르트뢰즈(Chartreuse)'는 '리큐어의 여왕'이라 불리며 현재도 세 명의 수도사가 비밀리에 약초를 배합하여 민간에 위탁 판매를 이어가고 있다. 이 리큐어는 18세기에 해당 수도원의 신부 제롬 모베크가 한 귀족 신자로부터 불로불사의 처방전을 받아 이를 바탕으로 완성한 것이라고 한다.

아일랜드에서 탄생한 위스키

에메랄드섬이라는 별명이 붙은 아일랜드에 알렘빅이 전해져 아콰 비타이(생명수)의 양조가 시작된 때는 14세기에 페스트가 유행하기 이전이었다. 1172년, 잉글랜드의 헨리 2세(재위 1154~1189)가 통솔하는 대군이 아일랜드를 침공했을 때, 그들이 이미 보리로 만든 맥주를 증류한 술을 마시고 있더라는 기록이 있다. 아일랜드에서는 5세기에 기독교 포교에 열심이었던 아일랜드의 수호성인 세인트 패트릭이 증류 방법을 전파하고 위스키의 전신인 어스퀴보를 만들었다는 이야기가 있는데, 세인트 패트릭과 증류 기술을 연관 짓는 일은 시기적으로 다소 무리가 있다. 그렇더라도 연금술에 대해 알고 있던 수도승들이 위스키 제조에 관여했다는 사실은 틀림없어 보인다.

어스퀴보는 토탄(Peat, 피트)으로 맥아를 건조시키는 스코틀랜드의 위스키와 달리 석탄을 사용한다는 특색이 있다. 아일랜드에는 석탄이 풍부했기 때문이다. 이 때문에 아이리시위스키는 스카치위스키와 같은 연기 냄새가 나지 않고 깔끔한 맛이 난다. 또한 아이리시위스키는 알렘빅을 개량한 단식 증류기로 세 번이나 반복해서 증류하기 때문에 가볍고 부드럽다는 특색도 있다. 반면 스카치위스키의 증류 횟수는 두 번이다. 예전부터 네덜란드나 영국의 문화를 동경해 상트페테르부르크를 건설하는 등 러시아의 서유럽화를 열성적으로 추진했던 표트르 대제(재위 1682~1725)는 "최고의 위스키는 아이리시이다"라며 그 맛을 칭찬했다고 한다. 현재는 아이리시위스키도 스카치위스키와 마찬가지로 버번, 럼, 셰리주를 담는 나무 술통 또는 화이트 오크통을 사용하여 3년 이상 숙성시키기 때문에, 모습이 많이 바뀌었다.

아일랜드의 '어스퀴보'는 스코틀랜드로 전해져 '우식베하(Uisge

baugha)'라고 불렸고, 여기서 다시 '어스기(Uisge)', '위스키(Uisky)'로 짧아졌다. 이것이 현재의 호칭 위스키에 이르게 된 것이다. 현재 위스키의 영어 철자는 어미가 '-ky'로 끝나는 단어와 '-key'로 끝나는 단어가 있는데, 미국 법률에서는 스카치위스키를 'Whisky', 아이리시위스키를 'Whiskey'로 써서 구분하고 있다. 미국은 아일랜드계 이민자가 많기 때문에 아이리시위스키의 최대 소비국이기도 하다.

밀조주가 키운 스카치위스키

스코틀랜드의 위스키(스카치위스키) 제조법은 이웃 섬인 아일랜드로부터 전해졌다고 한다. 전파 시기는 확실하지 않으나, 일설에 따르면

12세기 후반 헨리 2세(재위 1154~1189)가 아일랜드 정복을 단행한 때로 짐작하기도 한다.

스코틀랜드의 깨끗한 물과 맥아를 건조시킬 때 사용하는 토탄은 위스키를 제조하는 데 적당하여, 깊은 맛과 좋은 향기를 풍기는 위스키를 만들 수 있었다. 1494년에 작성된 스코틀랜드의 공문서에는 "8볼(약 1,200kg)의 몰트(발아한 곡물)를 수도사 존 코에게 내리고 이것으로 아콰 비타이를 만들게 했다"고 기록되어 있다.

1707년에 스코틀랜드가 잉글랜드에 병합되자, 당시 잉글랜드에 부과했던 고액의 맥아세가 스코틀랜드에도 부가되었다. 이 때문에 스코틀랜드 술에 매겨진 세금이 일거에 15배나 뛰어올랐다. 스코틀랜드의 양조업자는 세금을 회피하기 위해 밀조주(密造酒)를 만들기 시작했다. 그들은 깊은 산속으로 들어가 햇볕에 맥아를 건조시키고, 사람들의 눈에 띄지 않도록 산속에 퇴적된 토탄을 태워 맥아를 건조시켰다. 그리고 '포트 스틸'이라는, 금속제 깡통의 끝부분을 가늘게 압축시켜 백조가 목을 늘린 듯한 독특한 형태를 한 소형 증류기로 비밀스럽게 위스키를 제조했다.

제조된 위스키는 징세관의 눈을 피하기 위해 셰리주 등을 담던 낡은 나무 술통에 숨겼다. 그런데 한 모금 마셔 보자 호박색의 숙성된 위스키에서 셰리주의 향과 나무 향이 배어 매우 맛이 좋았다. 징세관의 눈을 피하기 위해 빈 술통에 넣어 산속에 숨긴 위스키에서 오히려 독특한 풍미를 발견한 것이다. 우연히 발견한 기술은 더할 나위

없이 훌륭했다. 현재도 밀조주를 '문 샤인(moon shine, 달빛)' 또는 '마운틴 듀(mountain dew, 산이슬)'라고 부르는데, 스카치 탄생의 역사에서 그 이유를 찾을 수 있다.

위스키의 합법화와 대량 생산

스코틀랜드 북부 하이랜드 지방에서 증류되는 몰트위스키(Malt Whisky, 싱글 몰트)는 보리의 맥아만을 원료로 사용하여 발효한 후, 단식 증류기로 두 번 증류하여 화이트 오크통에 오랫동안 숙성시킨 것이다. 각각의 증류소는 피트를 태우는 방법, 증류기의 형태, 상태, 숙성 방법 등이 제각각 다르기 때문에, 모두 다른 풍미를 지닌 위스키를 만들어냈다.

각지에서 생산된 위스키는 지역마다 개성이 있는 물과 피트를 태워서 냄새가 나게 하는 연소취(스모키 플레이버, smoky flavour)가 섞여 독특한 맛을 낸다. 스코틀랜드의 피트는 지역에 군생하고 있는 히스라는 관목이 퇴적되어 탄화된 이탄(泥炭)이다.

현재, 포트 스틸로 위스키를 양조하는 스코틀랜드의 양조소는 화강암과 규암 지층에서 분출되는 맑고 차가운 물이 모이는 북부의 스페이강 유역을 중심으로 아일라섬, 스카이섬 등지에 약 100여 곳이 있는데, 가동 중인 양조소는 약 80곳이다. 개성이 다른 위스키를 다른 양조소의 위스키와 혼합하지 않고 증류소 내부에서 혼합하여 상품화한 술이 '싱글 몰트 위스키(Single malt whisky)'이다. 가령 아일라 섬의 위스키 '라프로잉(Laphroaig)'은 피트와 해초를 섞어 맥아를 훈증하고 바닷바람으로 건조시켰기 때문에 특유의 요오드 냄새가 난다.

의외로 잉글랜드에서는 오랫동안 맥주, 와인, 코냑(Cognac)을 마셨으며 스카치위스키는 거의 마시지 않았다. 교통수단이 발달하지 않았기 때문에, 북스코틀랜드에서 소규모로 제조되는 지역적인 밀조 위스키를 잉글랜드 사람들이 몰랐다고 해도 결코 이상한 이야기는 아니다. 유럽 경제가 활성화되는 17세기가 되자 위스키 거래가 활발해지고, 몰트위스키의 생산지인 북부 하이랜드 지방의 스페이강 유역과 스코틀랜드 남부 사이의 거래가 활발해졌다. 스카치위스키의 상품화가 이루어졌으며, 산업혁명 후에는 위스키 수요가 더욱 증가했다. 그러던 중 1824년에 글렌리벳에 살던 조지 스미스라는 농민이 그때까지 있던 비밀 양조소를 대규모 시설로 다시 건설하고, 정부로부터 면허를 얻어 합법적으로 위스키를 생산하기 시작했다. 밀조 위스키 시대로부터 대량 제조 시대로 전환된 것이다.

5

~

액체로 된 보석 리큐어

메디치가에 의해 널리 전파된 리큐어

증류주에 향료, 향초, 과실, 약초, 감미료 등을 첨가하여 독특한 풍미를 가미한 술이 리큐어이다. 리큐어는 약용주 또는 강장제로 애용되었다. 약용주는 건강에 좋은 성분을 녹여낸 것이기 때문에 라틴어로 녹아 있다는 의미의 '리케파세르(Liquefacer)'로 불렸고, 이것이 변하여 '리큐어'가 되었다는 설이 있다. 라틴어로 액체를 뜻하는 '리쿠오레(liquore)'가 어원이라는 설도 있다.

리큐어의 시초는 고대 그리스의 의학자 히포크라테스(기원전 460?~기원전 377?)에서 찾을 수 있는데, 그는 약초를 와인에 녹여 마셨다고 한다. 십자군 원정 중에는 증류기가 유럽으로 전해졌고, 수도승들은 인근 들판에서 딴 허브를 알코올에 넣어 불로장생의 비약이라고 믿었던 엘릭시르 제조에 도전했다. 리큐어는 연금술과도 깊은 관련이 있어, 스페인 출신의 연금술사 아르날두스 드 빌라노바(1240?~1311?) 등이 다양한 시도를 했다고 한다.

프랑스 왕실에 리큐어가 들어오게 된 계기는 1533년, 피렌체의 거상 메디치가의 딸인 14세의 카트린 드메디시스(1519~1589)가 프랑스 왕자 앙리(앙리 2세)에게 시집을 오면서부터였다. 당시는 메디치가의 전성기로, 교황이 메디치가 출신인 클레멘스 7세였을 정도였다. 카트린 드메디시스의 결혼은 부와 권력이 손을 잡는, 전형적인 정략결혼이었다. 메디치가는 막대한 부를 바탕으로 세련된 생활을 누리고 있었다. 결혼할 때 카트린 드메디시스는 많은 종복을 데리고 왔는데, 이는 새로운 문화의 조직적 도입으로 이어졌다. 그녀가 가지고 들어온 관습은 프랑스의 식사 매너도 크게 변화시켰다. 예를 들어 생선 요리에는 백포도주, 고기 요리에는 적포도주, 식후주(디제스티프, digestif)로는 리큐어라는, 새로운 매너가 정착되었다.

리큐어는 때로는 약용주, 때로는 최음주로 사용되며 상류층을 위한 패셔너블한 음료가 되었다. 카트린 드메디시스의 종복 중에 리큐어 장인이 있었는데, 그는 와인 증류주를 기본으로 아니스, 시나몬(계피), 사향, 향유고래의 분비물인 용연향 등을 첨가한 강장주와 최음주인 '포폴로(populo)' 등의 걸작을 남겼다고 한다. 시나몬, 사향, 용연향 등은 모두 당시 유럽인이 좀처럼 손에 넣을 수 없었던 고가의 아시아산 향료이다. 포폴로는 메디치가답게 아낌없이 돈을 들여 만든 알코올음료였다. 메디치가도 결국 서민은 서민이었나 보다. 존재를 과시하기 위해 이렇게까지 사치한 것을 보면 말이다.

약제사가 된 상인

과거 서양에서는 약에 마력이 있다고 믿었다. 로마 제국에서는 부적을 약으로 썼고, 중세 유럽에서는 성인의 유물에 약효가 있다고 여겼으며, 이슬람 세계에서는 보석에 약효가 있다고 믿었다. 메디치가의 포폴로에서 배워 프랑스에서 처음으로 만든 리큐어가 클레레트

(Clairette)이다.

중세 유럽에서는 약 제조를 업으로 삼던 사람을 '아포티케르 (apothicaire)'라고 불렀다. 이 단어는 그리스어의 '아포테케(ἀποθήκη, 예비, 와인 저장, 식품점 등의 의미)'에서 유래한다. 아포티케르는 원래 건강 유지와 질병 치료에 효과가 있는 생약을 거래하는 상인을 가리키던 말이었는데, 실제로 이를 취급하던 상인들은 후추나 향료 등을 판매하며 얻은 상품 지식이 상당했다고 한다. 당시 의사들은 약 제조를 원래 먼 지방에서 구해 온 약제로 약을 제조하던 '피그멘타리우스 (pigmentarius)'에게 위임했으나, 종국에는 아포티케르에게 맡기게 되었다고 한다. 그 결과 향신료를 판매하던 상인이 점차 약을 제조하는 기술자로 변신하여 약제사가 되었다.

메디치 가문의 문장에는 후추 알갱이로 된 환약이 그려져 있는데, 이를 보고 원래 약종 도매상이었을 것으로 추측하기도 한다. 어찌 되었든 약 제조는 자신만만한 분야였다. 리큐어 포뮬로를 제조하는 일 정도는 간단히 해냈을 것이다. 당시의 약제사는 의사를 겸했기 때문에, 카트린 드메디시스의 종복 중에도 약제사가 있었을 것이다.

리큐어는 결국 건강을 유지하고 욕망을 자극하는 술로 궁정에 퍼졌다. 루이 14세는 예순 살을 넘겨 쇠약해진 체력을 회복하기 위해 의사단이 조합한 '로솔리(rosolis)'를 즐겨 마셨다고 한다. 로솔리는 브랜디에 사향, 장미, 오렌지, 백합, 재스민, 시나몬, 클로브를 조합한 너무나도 사치스러운 알코올음료였다. 왕이 좋아한 로솔리는 좋은 평가를 받으며 궁정으로 확산되었다. 궁정의 경박한 귀부인들은 사교계의 파티에서 몸을 치장한 빛나는 보석과 눈부시게 화려한 의상에 맞춰 리큐어를 선택했고, 이를 제조하는 장인도 경쟁적으로 보석과 같은 색채의 리큐어를 연구했다. 리큐어는 프랑스의 궁정 패션과 함께 유럽 각지의 사교계로 퍼져나갔다. 프랑스의 리큐어 문화가 루이 14세 시대에 기반을 다진 이유는 이 때문이다. 현재도 프랑스는 세계에서 으뜸가는 리큐어 대국이다.

6

동쪽에서 전해진
증류기가 낳은 아락과 소주

인도와 동남아시아의 술 아락

이슬람 세계에서 동방의 인도, 동남아시아, 동아시아로 이어지는 바닷길을 따라 증류기 알렘빅과 증류 기술이 전해졌다. 서아시아의 '아락'에서 일본의 '소주'에 이르는 길고 긴 여행의 시작이다.

먼저 인도에 알렘빅이 전해져 증류주가 만들어졌다. 오늘날 인도에는 쌀, 당밀, 야자를 발효시킨 후 단식 증류기로 두 번에서 세 번 증류하는 아락이라는 증류주가 있다. 알코올 도수 45도에서 60도에 이르는 상당히 독한 술로, 신맛이 나며 물을 넣으면 흰색으로 탁해진다.

아락은 외국에서 온 알렘빅을 이용한 증류 기술과 전통적인 쌀, 당밀, 야자를 원료로 하는 술의 제조법을 혼합한 국제적인 술이다. 이슬람과 인도의 교역이 탄생시킨 아락은 두 문화가 융합한 성과로 볼 수 있다. 이집트의 술 '아라키', 터키의 술 '라키', 리비아의 술 '락비' 등도 아락에 포함시키는 경우가 있다. 말하자면 아락은 이슬람 상인의 넓은 상권이 만들고 키운 술인 것이다. 인도 술 아락은 인도 상인들이 교역하던 실론, 동남아시아의 수마트라, 자바, 타이 등지로 전해졌다.

인도차이나반도의 차오프라야강 유역에 형성된 타이의 아유타야 왕조는 이슬람, 인도, 동남아시아, 유럽 등의 넓은 지역에서 상인들을 불러 모아, 열정적으로 이국의 문화를 흡수하며 독자적인 혼합 문화를 육성했다. 증류기 알렘빅을 사용하여 술을 만드는 기술도 더욱 발전하여, 쌀을 사용한 양질의 증류주를 만들 수 있게 되었다. 아락은 에도 시대에 네덜란드인에 의해 일본에 전해졌고, 아라키주 등으로 불리며 진기한 대접을 받았다.

바닷바람을 타고 류큐에 전해진 소주 아와모리

일본에 증류주가 전파된 경로에 관해서는 여러 가지 설이 있는데, 15세기 후반에 교역 상대였던 타이의 아유타야 왕조로부터 류큐(오늘날 오키나와)로 전해졌다는 설이 유력하다. 현재도 오키나와의 소주 '아와모리'는 타이 쌀을 주원료로 하여 누룩곰팡이의 일종인 흑국균으로 만든 순액을 증류하여 만드는데, 위의 설과 관련 있어 보인다. 류큐 왕조는 동남아시아의 여러 지역과 활발하게 교역하였고, 이는 증류 기술이 전해질 토대가 되었다.

몽골 제국(원)은 유라시아 전체를 아우르는 육지와 바다 교역 네트워크를 만들었고, 이에 따라 공전의 경제 활황을 누리게 된다. 당시의 중국 상인들은 인도에서 페르시아만에 이르는 광활한 해상에서 적극적으로 활동했다. 그러나 몽골이 쇠퇴한 후에 세워진 명은 중화 제국의 질서를 재편하기 위해 바다 세계로부터 후퇴하기로 결정한다. 명은 감합 무역(전근대 동아시아 지역에서 중국을 중심으로 주변국과 이루어진 조공 무역-역주)을 통해 해외 무역을 정치적으로 통제했고, 해금(海禁) 정책에 따라 민간 상인의 해외 무역을 금지하는 과감한 정책을 폈다. 이 때문에 그때까지 대량으로 유입되던 인도산과 동남아시아산 향신료 등의 수입이 불가능해졌다.

명의 3대 황제 영락제(永樂帝)는 이슬람교도인 신관 정화(鄭和)에게 명령해, 2만 7,000명이 탄 거대한 함대를 끌고 인도와 서아시아로 가도록 하여 대규모 관영 무역을 실시했다. 그러나 비용이 많이 든다는 이유로 원정은 일곱 번 만에 중지되었고, 이후 명은 동남아시아와의 무역에 류큐를 이용하는 정책으로 돌아섰다. 명나라는 류큐에 무역선을 무상으로 공여하고 많은 푸젠인(福建人)을 이주시켜 감합부 없이 자유롭게 항구에 출입할 수 있는 특권을 주었다.

이와 같은 방법으로 15세기 중반경부터 16세기 초반에 걸쳐 류큐는 동남아시아, 명, 일본, 조선을 연결하는 동아시아 무역의 중심지가 되었다. 당시 동남아시아 교역의 또 다른 중심지였던 말라카와 함께 타이의 아유타야 왕조도 열정적으로 해외 무역을 추진했으며, 타이에 전파된 알렘빅과 증류주 제조법이 류큐로 전해져 아와모리 소주가 되었다. 포르투갈인이 남긴 문헌에도 류큐인은 '레케오'라는 이름으로 등장한다. 아와모리(거품이 올라온다는 뜻-역주)라는 명칭은 양조할 때 거품이 일어난다거나 잔에 거품이 일어나는 것을 보고 지었다는 등의 설이 있는데, 그 이름답게 아와모리를 잔에 따를 때 열 잔이 넘어도 거품이 나야 명품으로 인정했다.

류큐에 전해진 증류기 알렘빅은 고구마 등과 함께 가고시마의 사쓰마로 전해졌다. 1546년 사쓰마를 방문한 포르투갈 상인 호르게 알바레스(Jorge Álvares)는 사쓰마에 쌀로 만든 소주가 있다고 기록했다. 가고시마현 오구치시의 고리야마하치만 신전에서 발견된, 1559년에 목수가 쓴 것으로 추정되는 낙서에는 주지승이 구두쇠여서 한 번도 소주를 주지 않았다는 문구가 있다. 당시 소주가 서민도 마실 수 있는 대중적인 알코올음료였다는 사실을 알 수 있다.

류큐의 소주는 타이 쌀로 빚는 전통적인 제조법을 고수했다. 현재도 아와모리는 타이 쌀로 제조하는 것을 바람직하다고 여긴다. 그러나 사쓰마는 이러한 특별한 원료를 조달하기 어려웠다. 따라서 화산재로 덮인 사쓰마의 토지에서도 대량으로 생산할 수 있는 고구마를 쪄서 양조하고 증류한 고구마 소주를 고안해냈다. 1783년에 사쓰마를 방문한 의사 다치바나 난케이가 쓴 『서유기(西遊記)』(1795)에는 "사쓰마에서는 고구마로도 술을 만든다. 맛이 좋다. 이를 가란이모 소주라고 부른다"라는 기록이 있다. 이로 미루어 볼 때 18세기 말에는 이미 사쓰마 소주가 만들어졌던 것 같다. 이후 소주는 보리, 메밀, 흑설탕 등 다양한 원료로 주조하는 시대에 돌입한다.

에도 시대가 되자 소주는 일본 전국으로 확산되었다. 소주를 '아라키주(荒木酒)'라고도 부르는 이유는 서아시아, 인도, 동남아시아에서 즐기던 아락과 같은 계열로, 이슬람의 증류 기술이 일으킨 파도가 류큐를 통해 일본 열도에 도달한 것임을 말해준다. 세계사의 큰 소용돌이가 바닷길을 통해 일본 열도로 당도한 것이다.

일본에서는 증류기를 '라무비키(羅牟比岐)', '란비키(蘭引)'라고도 했는데, 이 말이 아라비아어의 알렘빅에서 왔음은 말할 것도 없다. 소주를 마시면서 끝없이 펼쳐진 망망대해 인도양과 남중국해에서 온 바닷바람을 느낄 수 있다니, 대단하다.

7

몽골 제국의 유라시아 제패와 아라길주

중국에 전해진 증류 기술

중국술은 고량 등을 발효시킨 '황주(黃酒)'와 이를 증류시킨 '백주(白酒)'로 크게 구분된다. 중국에서 증류주인 백주가 만들어지게 된 때는 몽골이 지배했던 원 제국 시대라는 설이 유력하다. 뛰어난 기마 군단을 앞세워 중국을 지배한 원 제국(1271~1368)은 제국의 경제와 외교를 이슬람 상인 같은 색목인에게 맡겼다. 말하자면 몽골인과 이슬람 상인이 손을 잡고 중화 세계를 지배했던 것이다. 참고로 베네치아 상인인 마르코 폴로도 중국에서는 색목인으로 간주되었다.

유럽에 전해진 증류기가 위스키, 브랜디, 진 등으로 이어지는 다양한 명주를 만들어낸 것처럼, 중국에서도 뛰어난 증류주 백주를 만들어냈다. 명나라의 학자 이시진(李時珍)이 『본초강목(本草綱目)』에 쓴

내용 중에 "옛 법에 없으니 원 시절에 그 법이 창시되었다"라는 문구가 있다. 중국의 증류주가 옛날부터 있었던 것이 아니라 원나라 때 비로소 만들어졌다는 기록이다. 그러나 송나라에서 이미 증류주를 제조하였고, 그 방법이 일반화된 때가 원나라라는 설도 있다.

원의 황제 칸(가한, 可汗)을 위해 쓴 요리책 『음선정요(飮膳正要)』는 증류한 소주를 '아라길주(阿喇吉酒)'라고 적었다. 아라길은 좋은 술을 증발시켜 수분을 제거한 찌꺼기를 뜻하는데, 동남아시아로부터 전해진 소주라는 뜻도 있다. 아라길이라는 말에서 알렘빅을 연상하는 것이 어렵지 않기 때문이다. 유럽에서는 증류기를 알렘빅이라고 불렀는데, 아시아에서는 증류주 자체를 아라길이라고 부른 듯하다. 원의 책에는 '아랄걸', '아랄길', '아리기', '합랄경' 등으로 기록되어 있고, 일본에서도 증류주를 '아라키'라고 불렀다.

중국의 증류주 백주와 아일락

원 제국의 쿠빌라이 칸(재위 1271~1294)은 강남 지방을 지배하는 남송을 매우 강한 나라로 여겼다. 그래서 동쪽과 서쪽에서부터 남송을 포위하는 태세를 갖추었다. 이것이 1253년부터 시작된 쓰촨(四川)과 윈난(雲南) 지방 정복, 1258년의 고려 침공과 쌍성총관부 설치, 1274년의 3만에서 4만에 달하는 병사를 동원한 일본 원정으로 이어졌다.

이 가운데 중국으로 전파된 증류주를 거론함에 있어서, 몽골에 의

한 쓰촨, 윈난 원정이 매우 중요한 위치를 차지한다. 따이족 등의 소수민족이 많이 거주하는 쓰촨, 윈난 지방은 아시아 내륙의 실크로드와 인도차이나반도를 가로지르는 경로이고, 동남아시아와도 연결고리가 강하다. 또한 예전부터 "술 향기가 분분(芬芬)하게 떠돌아 사람을 어지럽힌다"는 명주의 산지로도 알려져 있다. 윈난은 은 등의 광산 자원이 풍부하여 많은 이슬람교도가 이주한 지역이기도 했다. 이 땅의 주조 기술은 몽골 제국이 중간 역할을 하면서 중국의 술 문화에 큰 영향을 주었음이 틀림없다. 인도의 아락이 아삼(Assam)을 경유하여 윈난과 구이저우(貴州)로 전해진 것이다.

약 90년이라는 짧은 시간 만에 몽골의 중국 지배는 끝이 났다. 도시의 쾌적한 생활 속에서 몽골인은 사치에 물들고 권력 투쟁에 몰두한 끝에 자멸했다. 뒤이어 명이 중화 세계를 재건하였고, 몽골인은 몽골고원으로 돌아갔다.

그러나 과거의 영광은 남아, 증류주 '아라길'을 계승한 '아일락'이라는 술을 몽골고원으로 가지고 돌아가 지금도 마시고 있다. 몽골인은 말이 젖을 내는 7월경부터 10월경까지 말젖을 가죽 부대에 넣고 교반하여 1년분의 마유주를 만든다. 이 마유주를 터키어로 '쿠미스'라고 부르는데 몽골어로는 '아일락'이다. 중국을 지배하던 때 마시던 독한 술이 술의 일반적인 호칭이 되었기 때문일까, 아니면 강렬한 취기를 느끼게 해주었던 증류주의 인상이 뇌리에서 떠나지 않았기 때문일까?

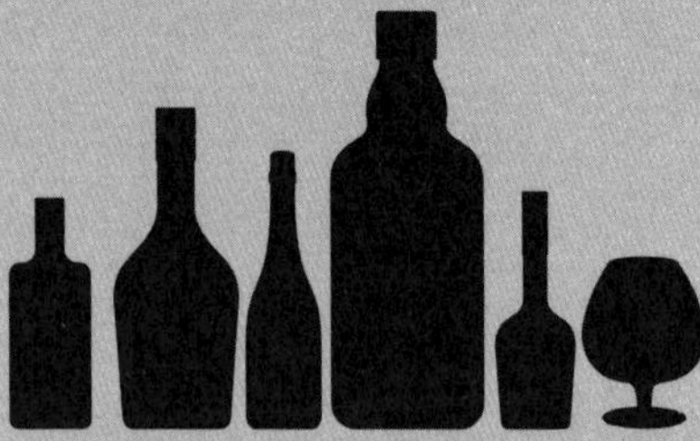

4장

바다와 항해가 넓힌
음주 문화

단조롭기 그지없는 바다에서의 생활을 견디려면 즐길 거리도
필요했다. 하지만 식재료는 딱딱하게 굳거나 소금에 절인 것뿐
이라, 정말 맛이 없었다. 입맛에 맞지 않는 열악한 먹거리를 보
충하기 위해 가득 실은 식량이 대량의 와인이었다. 와인은 대
항해 시대에 바다를 항해하는 선원들의 에너지원이라는 새로
운 지위를 확립했다.

1

'대항해 시대'를 떠받친 와인

음료수를 대신해서 마신 와인

1492년의 콜럼버스 대서양 횡단 항로 개발은 미지의 해역과 신대륙을 유라시아 역사에 추가하며, 지구 표면적의 70%를 차지하는 바다 위에 펼쳐진 무수한 네트워크를 통해 세계 각지가 연결되는 '바다의 시대'가 개막되었음을 알렸다. 신대륙과 구대륙, 유럽과 아시아 사이에 전 세계적인 규모의 문명 교류가 이루어지고, 각국의 경제는 바다를 중심으로 하나로 연결되었다. 그로부터 500년의 세월이 흘러, 인류 사회는 지금 세계화(Globalization)라는 전 지구적 사회 변동의 한가운데에 서 있다. 15세기 이후로 선원들의 에너지가 지구를 하나로 연결했고, 세계사는 새로운 단계로 이행되었다.

그러나 당시의 현실은 어느 시대보다도 열악했다. 유럽의 신시대를 개척한 범선 안에서의 생활은 처참하기 이를 데 없었다. 배 바닥에 고인 물이나 음식물 찌꺼기에서 풍기는 썩은 냄새가 배 안 전체에 진동하였다. 당시의 선내는 매우 비위생적인 공간이었고, 식수 문제도 심각했다. 잡균이 번식하고 음료수는 바로 부패했다. 그러나 이미 육지에서 멀어진 바다를 항해하고 있어서 신선한 음료수를 보급받기는 어려웠다. 배 안의 생활환경도 매우 열악하여, 선장실을 제외하고는 선원들이 쉴 개인 공간이 없어 갑판이나 선창에 아무렇게나 누워 자거나 선창에 해먹을 걸고 자는 수밖에 없었다.

단조롭기 그지없는 바다에서의 생활을 견디려면 즐길 거리도 필요했다. 하지만 식재료는 딱딱하게 굳거나 소금에 절인 것뿐이라, 정말 맛이 없었다. 입맛에 맞지 않는 열악한 먹거리를 보충하기 위해 가득 실은 식량이 대량의 와인이었다. 와인은 대항해 시대에 바다를 항해하는 선원들의 에너지원이라는 새로운 지위를 확립했다. 나중에는 긴 항해 기간 동안 부패하는 것을 방지하기 위해 브랜디를 첨가한 주정 강화 와인(Fortified wine)을 싣게 되었다. 이러한 와인의 대표 격은 포르투갈의 마데이라 와인(Madeira wine)과 스페인의 셰리주(Sherry wine)이다.

열악한 선내 생활

16세기 중반경 스페인 배의 식사 기록을 보면 하루에 빵 약 700g

과 콩 80g이 지급되었다. 일주일에 세 번 소금에 절인 고기가, 일주일에 두 번 150g의 치즈와 소금에 절인 대구가 지급되었고, 때때로 올리브와 대추야자 등이 추가로 보급되었다. 마르고 금방 썩을 음식들로 차려진 식사에 와인은 필수 불가결했다. 하루에 약 1L씩 지급되는 와인은 뱃사람에게 활력을 주는 존재였음을 쉽게 상상할 수 있다.

1544년에 포교를 목적으로 대서양을 횡단한 도미니코회의 한 수사는 무수한 이와 악취, 좁은 거주 공간 등을 거론하며 배 안은 마치 도망갈 곳 없는 감옥 같았다고 말했다. 특히 주요 식재료라고 해봐야 건빵과 소금에 절인 고기나 생선이 전부였고, 목마름은 상상을 초월할 정도였다며 갈증에 대한 괴로움을 강조했다. 대항해 시대를 이끈 포르투갈과 스페인 함선에서는 와인이 매우 중요한 역할을 담당했고, 뒤이어 바다 세계를 이끈 네덜란드와 영국 함선에서는 맥주가 큰 역할을 담당했다. 이렇게 바다의 시대가 도래하자 술 문화에도 큰 전환기가 찾아왔다.

2

~

항해의 최전선에서 성장한
주정 강화 와인

콜럼버스의 꿈을 자라게 한 마데이라섬

대항해 시대의 기선을 제압한 사건은 포르투갈의 '항해왕자(O Navegador)' 엔히크(Henrique, 1394~1460) 휘하에서 조직적으로 행하던 아프리카 서안 탐험이었다. 거점이 된 곳은 모로코 근해에서 640km 떨어진 거리에 있는 길이 40km, 폭 16km의 마데이라섬이다. 마데이라섬은 1419년에 포르투갈인 곤살베스 자르코가 발견했는데, 섬 전체가 아열대의 울창한 삼림으로 덮여 있는 모습을 보고 포르투갈어로 나무, 숲을 뜻하는 이름을 지어준 것이라 한다. 아프리카 연안을 탐험하는 카라벨선에 있어 마데이라섬은 목재 공급지로 중요한 역할을 담당했다.

곤살베스 자르코와 동료들은 섬 개척을 위해 숲의 일부를 불태우

려는 목적으로 불을 놓았는데, 그 불이 멈추지 않고 크게 번지는 바람에 섬 전체의 숲이 다 타고 말았다. 하는 수 없이 산불로 생긴 재를 비료로 하여, 표고 2,000m에 가까운 산의 경사면에 사탕수수밭과 포도밭을 만들어 설탕과 와인을 생산하기 시작했다. 실수라고는 하지만 섬은 무려 7년 동안이나 불에 탔고, 실로 엄청난 자연 파괴가 아닐 수 없다.

마데이라섬에서는 1425년부터 와인 제조가 시작되었고, 수십 년이 지나자 유럽 유수의 설탕 산지가 되었다. 1478년에 영국의 클래런스 공작이 사형을 선고받았는데, 스스로 처형 방법을 정하게 했다고 한다. 그때 그는 마데이라산 와인을 술통에 가득 채우고 그 속에 빠져 죽고 싶다고 말했다고 한다.

젊은 날의 콜럼버스가 서쪽으로 대서양을 항해하면 황금의 섬 지팡구에 갈 수 있다는 꿈을 키운 곳도 마데이라섬이었다. 라틴어를 독학으로 익힌 콜럼버스는 마르코 폴로의 『동방견문록』에서 "지팡구의 궁전은 바닥이 손가락 두 개 정도 되는 두께의 황금으로 깔려 있다"는 문구를 읽고 가슴이 두근거렸다. 콜럼버스는 마데이라섬의 장관이었던 귀족 바르도로메우 페레스트레로의 딸과 결혼하고, 황금의 섬 지팡구로 항해할 구상을 했다. 마데이라섬은 대항해 시대의 상징과도 같다.

이 섬의 특산품 마데이라 와인은 백포도주에 브랜디를 넣어 주정(酒精, 알코올 성분)을 강화한 단맛이 강한 와인이다. 셰리주나 말라가 와인(Malaga wine)처럼 부패를 늦추기 위한 주정 강화 와인이다. 브라질에서 노예를 이용한 사탕수수 재배가 궤도에 오르고 마데이라섬의 설탕 제조는 수그러든 1570년대 이후, 마데이라 와인이 대량으로 만들어지게 되었다.

더운 열기로 달아오른 선창에서 숙성된 와인

대서양에 떠 있는 마데이라섬은 아시아와 아메리카 대륙, 유럽을 연결하는 교역의 중계 거점이었다. 한편 마데이라섬의 포도로 만든 와인은 산미가 강하기 때문에 단맛을 더해야 했고, 긴 항해를 버티기 위해 부패를 방지해야 할 필요도 있었다. 이 과제는 와인에 브랜디를 추가하여 발효를 멈추게 하는 것으로 해결했다.

여기에 기막힌 우연이 겹쳐 생각지도 않은 선물이 되었다. 어느 날 항해를 끝낸 한 선원이 배에 실어 놓았던 마데이라 와인을 마시고 절묘한 맛을 느꼈다. 습하고 더운 선창 안에서 파도에 흔들린 와인에 풍미와 깊은 맛이 더해져 좋은 향이 나는 술로 바뀌었던 것이다. 고온과 배의 흔들림이 만들어낸 독특한 맛이었다.

그리하여 1700년경부터 영국 동인도회사는 런던에서 마데이라섬을 경유하여 인도의 봄베이(현재의 뭄바이)를 왕복하는 범선의 밸러스트(뱃바닥에 싣는 화물)로 마데이라 와인을 대량으로 싣게 되었다. 범선의 선창을 와인의 숙성고로도 이용한, 일종의 부수적 사업이었다.

마데이라 와인을 밸러스트로 이용하면 항해 후에 숙성된 와인을 비싼 값에 팔 수 있었다.

이 와인은 항해주라 불리며 명성을 높였다. 혼곶이나 희망봉을 돌아 인도로 가는 항로를 왕복하면서 열대 바다에서 숙성된 와인이란 의미이다. 마데이라 와인 병에는 이 술을 담은 술통을 싣고 항해한 배의 라벨을 붙였다. 거기서 느껴지는 바다 내음과 항해의 이미지는 더 높은 부가가치를 창출했다.

그러나 이런 방법으로는 대량 생산이 불가능하다. 그래서 마데이라 와인의 수요가 늘어나자 열대의 더운 열기와 똑같은 고온의 저장고을 만들어 합리적으로 와인을 숙성시켰다. 그러나 오랜 기간 동안 바다를 항해한 와인을 마신다는 로망을 잃어버리고 말았다.

장기간에 걸친 가혹한 범선 항해 과정에서 숙성이 가미된 마데이라 와인은 바다와 파도와 하늘의 이미지를 동반하여 한없이 로맨틱하면서도, 콜럼버스로 대표되는 대항해 시대와 유럽을 풍요롭게 한 대서양 무역, 아시아로의 진출 같은 그 시절 유럽의 영광을 떠올리게 하는 술이기도 하다. 마데이라 와인은 호박색 또는 적갈색을 띤 와인의 색이 100년이 지나도 변하지 않는다고 한다. 현재도 셰리주, 포트 와인(Port wine)에 버금가는 3대 주정 강화 와인 중 하나로 꼽히고 있다.

3

대서양 항로가 키운 셰리주

남미를 향한 대량 이주의 거점, 안달루시아

스페인 남부의 안달루시아(Andalucía) 지방에서 만든 셰리주도 항해와 밀접하게 연관된 유서 깊은 명주이다. 항구 도시 세비야(Sevilla)가 중심이 된 안달루시아 지방은 콜럼버스가 아메리카 대륙에 이르는 항로를 개척한 이래 아메리카로 떠나는 대량 이민의 중심지였다. 많은 안달루시아 사람들이 황금의 땅 엘도라도, 즉 아메리카로 속속들이 이주했다. 현재 아메리카 대륙에서 사용되는 말이 스페인 표준어인 카스티야어가 아니라 안달루시아 방언인 까닭은 그 때문이다. 신대륙은 안달루시아 사람들의 황금에 대한 야망으로 인해 정복되었다고 해도 과언이 아니다. 셰리주는 이러한 안달루시아 지방에서 탄생한 바다의 술이다.

안달루시아 지방은 이슬람교도가 많은 지역으로, 포르투갈 남부의 알가르베(Algarve) 지방과 함께 이슬람 문화의 영향이 강하게 남아 있다. 지중해와 대서양, 아프리카와 유럽이 만나는 십자로에 위치해 있다. 안달루시아 남서부에 위치하고 대서양에 면한 카디스(Cádiz)항은 남북아메리카와의 무역 거점이었다. 참고로 카디스는 페니키아어로 '성벽에 둘러싸인 곳'이라는 뜻이다.

1492년에 콜럼버스가 대서양 횡단에 성공하고, 에스파뇰라섬(오늘날 아이티)을 지팡구라고 소개하자 대량의 황금에 대한 환상이 스페인 전국을 뒤덮었다. 1493년 콜럼버스 함대는 1,200명이나 되는 대규모 선단이 되어 있었다. 콜럼버스는 카디스항을 출발해 지팡구를 목표로 항해에 나섰는데, 그 대단했던 광경을 묘사한 글이 남아 있다.

"1493년 9월 25일, 대귀족으로부터 받은 차관과 유대인의 몰수 재산을 재원으로 하여 조직된 기함 마리갈란테 이하 17척, 약 1,500명(일설에는 1,200명)의 승조원과 보리, 포도 싹부터 말과 가축까지 태운 대선단이 지팡구를 향해 카디스를 출항했다. 스페인인의 영원한 식민지가 될 것이 틀림없는 지팡구섬의 개발에 종사하는 것이 함대의 목적이었다. 성공이 약속된 항해라고 확신하였기 때문에 이처럼 대규모 함대가 조직될 수 있었다. 이기는 말에 걸지 않을 사람은 없다. 함대가 너무나도 큰 규모였기 때문에 파로스항에서는 날짜를 맞추지 못하고 카디스가 새로운 출항지가 되었다고 한다."(『지팡구 전설』)

물론 황금은 콜럼버스의 착각이 만든 환상에 지나지 않았다. 콜럼버스는 에스파뇰라섬에서의 경영 실패에 대한 책임을 지고, 7년 후인 1500년 10월 초에 올가미에 묶인 모습으로 스페인으로 돌아왔다.

그러나 이후 대량의 은이 페루, 멕시코 등지에서 발견되었고, 카디스는 금과 은, 보석을 운반하는 스페인 선단의 기지가 되어 유럽에서 손꼽히는 풍족한 도시가 되었다. 오늘날 카디스의 위상은 지방 소도시에 지나지 않지만, 어둡고 좁은 도로를 따라 늘어선 오래된 석조 건물을 보고 있노라면 예전 번화했던 항구 도시의 자취를 느낄 수 있다.

한때는 많은 제노바 상인들이 신대륙과의 교역에서 수익을 얻고자 안달루시아 지방으로 이주하기도 했다. 마젤란이 세계 일주에 나섰을 때 바로 이 제노바 상인들이 대량의 헤레스(Jerez) 와인을 구입하여 마젤란 함대에 납입했다. 그 결과, 헤레스의 와인은 비로소 세계를 일주한 와인이라는 영예를 얻게 되었다.

영국인이 높인 셰리주의 명성

카디스 안쪽에 위치한 헤레스데라프론테라(Jerez de la Frontera, 변경에 있는 시저의 마을이란 의미) 지방은 예로부터 와인 생산지였는데, 이곳의 와인에 증류한 브랜디를 첨가하여 부패를 막은 술이 셰리주이다. 원래는 단순히 장기간에 걸친 항해에 견딜 수 있도록 유통기한이 긴 와인을 만들고자 했던 것이다. 그러나 셰리주는 브랜디를 첨가한 까닭에 알코올 도수가 높으면서도 개성이 강한 술이 되어 인기를 얻었다. 셰리라는 이름은 헤레스의 옛 명칭인 세레스(Xerez)에서 왔는데, 영국식으로 '쉬리에스(sherries)'라고 부르다가 어미변화가 생겨 '셰리(sherry)'가 되었다고 한다. 참고로 헤레스는 라틴어로 '시저(카이사르)의 마을'이라는 뜻이라고 한다.

1587년 4월, 해적 출신 프랜시스 드레이크가 이끄는 영국 함대가 카디스를 습격하고 헤레스를 쑥대밭으로 만들며 3,000통의 셰리주를 약탈해 갔다. 이 셰리주가 런던에 도착하여 엘리자베스 1세의 궁정에서 크게 유행하게 되었고, 17세기 중반경에는 명주로 자리매김하였다. 영국인은 어쩌면 술맛을 감별하는 특별한 재능이 있는 것 같다. 스페인의 셰리주와 포르투갈의 포트 와인은 모두 영국인이 그 가치를 발견한 술이기 때문이다.

영국은 와인이 거의 산출되지 않아 해외 수입에 의존할 수밖에 없었다. 영국인이 항상 마시는 '에일(Ale)'이라는 맥주에는 많은 잡균이 들어가 있어 쉽게 부패되므로 배에 선적할 수 없었다. 영국인은 항해에 나설 때마다 여러 지역에서 모아 온 와인을 꾸준히 마셨는데, 그 와중에 와인을 식별하는 미묘한 혀와 코의 감각을 얻었는지도 모르겠다. 셰익스피어의 희곡 『헨리 4세』를 보면, 인생과 바꿔도 좋다고 말하는 셰리주가 등장할 정도이다.

영국이 세계의 공장이 되어 미증유의 번영을 구가한 19세기가 되자, 스페인산 셰리주의 수출이 급증했다. 셰리주는 1810년 1만 통이었던 생산량이 1873년에는 6만 8,000통으로 늘었는데, 90%가 영국으로 수출되었다. 오늘날도 영국인은 식욕을 돋우기 위한 식전주로 셰리주를 즐겨 마신다.

셰리주는 만들어지는 과정을 보면 중간에 흰 곰팡이의 피막이 표면에 뜨는 것을 볼 수 있다. 확실하지 않지만 장기간에 걸친 항해와 관련이 있는 것은 아닐까 추측된다. 보통은 도저히 마실 수 없는 흰 곰팡이가 떠 있는 와인도 항해 중이라면 마실 수밖에 없었을 테니 말이다.

흰 곰팡이가 만들어내는 풍미

셰리주는 브랜디를 첨가하여 알코올의 도수를 15도에서 22도로 올리고, 와인이 공기와 접촉된 상태로 숙성시키는 독특한 와인이다. 당분을 높이기 위해 포도를 하루에서 이틀 동안 햇볕에 말린 후 발효시키고, 산미와 항균성을 높이기 위해 중간에 석고를 추가한다. 알코올 발효 후 와인 표면에 생기는 '플뢰르(fleur, 꽃)'라고 하는, 간장에 생기는 곰팡이와 같은 곰팡이 꽃(피막)을 이용하여 풍미를 내고, 잠시 후 브랜디를 추가하여 발효를 멈추게 한다. 플뢰르를 부패 바로 직

플뢰르가 형성된 셰리주

전에 멈추게 하여 풍미를 내기 때문에, 매우 번거롭고 숙련을 요하는 제작 방법이다. 최적의 시간을 판단하는 것이 특히 어려웠다.

술통을 4단, 5단으로 높게 쌓아, 위에 있는 술통에 알코올 농도가 15도 정도인 1차 발효 와인을 2/3나 3/4 정도 넣어둔다. 그러면 공기와 접하는 와인 표면에 효모의 피막인 플뢰르가 생겨 재발효되기 시작한다. 이 피막이 깨지지 않도록 조심하면서 1/3 정도를 아래 술통으로 따라 옮긴 뒤, 최상단에 있는 나무 술통에 새로운 와인을 채워 넣는다. 이러한 제조법을 솔레라(Solera) 방식이라고 한다.

품질을 유지하기 위해 1891년에 지정된 협정에서 셰리주는 일주일 정도 2차 발효를 한 후, 건전한 균만 자랄 수 있도록 브랜디를 추가하여 알코올 농도를 20도로 올리고, 농축 포도즙을 넣어 단맛을 조절하면서 반년에서 1년 동안 술통에서 숙성하도록 정하였다. 그 결과 풍미 있는 묵은 술의 향기와 무게 있는 맛을 만들어낼 수 있었다.

셰리주는 묵은 술과 갓 만든 술을 블렌딩하여 술통에 넣어 보존하고, 새 와인에서도 묵은 술의 풍미가 옮겨가도록 연구하고 있다. 숙성 기간은 가장 짧은 것이 3년, 길면 30년 이상 걸린다. 수명이 긴 술이다.

4

〜

아스테카 문명의
위대한 유산 데킬라

정복자 코르테스가 매료된 술

대서양을 건너 카리브 해역으로 진출한 스페인인은 이윽고 아메리카 대륙에서 이질적인 술 문화와 만나게 되었다. 1518년, 500여 명의 병사와 200여 명의 뱃사람, 14문의 대포, 16마리의 말을 이끌고 쿠바로 출발한 코르테스는 1519년부터 1522년에 걸쳐 인구 2,000만 명이 넘는 멕시코 고원의 아스테카(Azteca) 왕국을 정복했다. 당시 아스테카 왕국의 인구는 약 2,500만 명으로 추정되는데, 이는 프랑스 인구를 훨씬 웃도는 수치이다. 파리보다 많은 인구를 자랑하던 수도 테노치티틀란(Tenochtitlan)은 테스코코(Texcoco) 호수의 인공섬 위에 만들어졌는데, 매일 2만에서 2만 5,000명, 닷새마다 4만에서 6만 명의 사람이 모여드는 시장이 매우 활기를 띠었다고 정복자 코르테스는 기록하고 있다.

9개월 동안 공방을 주고받은 결과, 대도시 테노치티틀란을 함락시켜 엄청난 부를 획득한 서른여섯 살의 코르테스는 그야말로 기고만장했을 것이다. 승자가 된 코르테스의 자아도취감을 높인 것은 '이스타크 오크토리(백색주)'라는, 스페인에서는 볼 수 없었던 아스테카의 술이었다. 이 술은 용설란의 일종인 마게이(Maguey)의 수액으로 만든 것으로 신에게 바치는 신성한 술이었다. 축제일 이외에는 쉰 살을 넘은 노인이나 신관 또는 전사만 마시는 것이 허락되었다. 만약 몰래 이 술을 마신 사실이 들통나면 처음에는 채찍으로 맞고 두 번째는 마을에서 추방되며 여러 번 걸리면 사형을 당했다고 한다.

용설란으로 만드는 풀케

멕시코의 양조주는 '풀케(pulque)'라고 부르는데 제조법이 독특하다. 멕시코 중앙 고원에 분포하는 다육성 용설란 '아가베 아트로비렌스(Agave atrovirens)'는 뿌리의 폭이 30cm, 높이가 2m에 달하며 끝부분이 검처럼 예리하게 뾰족하다. 수십 년에 한 번 10m 정도의 이삭을 내고 끝에 꽃을 피운다. 이 시기에 이삭을 잡아 뽑으면 이삭이 빠진 오목한 자리가 달고 신 맛이 나는 액체로 채워진다. 이 액체를 모아 자연 발효시킨 음료가 알코올 도수 5~6도 정도의 미끈미끈한 술, 풀케이다. 풀케는 변질되기 쉬워 일주일만 지나도 마실 수가 없다.

야자술과 같이 부패되기 쉬운 음료였다.

풀케의 기원에 대해서는 다음과 같은 이야기가 있다. 어떤 사람이 용설란을 갉아 먹고 있는 생쥐를 발견하여 쥐구멍을 조사해보자 노랗고 맛있는 액체가 있었다. 다른 생쥐의 쥐구멍도 마찬가지였다. 그래서 용설란의 오목한 자리에 담겨 있던 액체를 모아 상태를 살펴보자 이것이 발효되어 맛있는 술로 변했다고 한다.

16세기에 신대륙을 여행한 선교사 아코스타는 용설란에 대해 "용설란(龍舌蘭)은 경이로운 나무다. 이 나무에서는 물, 술, 기름, 식초, 꿀, 시럽, 실, 바늘 그 외에 많은 것들을 얻을 수 있기 때문이다. 신대륙으로 건너온 사람이나 멀리서 배를 타고 찾아온 사람들은 언제나 기적이라고 썼다"고 말했다.

증류기가 탄생시킨 데킬라

풀케 제조법을 전승하고, 스페인 사람이 들여온 증류기로 증류한 도수 45도의 술이 데킬라이다. 데킬라는 멕시코와 유럽 두 곳의 술 문화를 융합한 술이라 할 수 있다. 데킬라는 마게이 줄기를 증기 가마에 넣어 가열시켜 즙을 추출하고, 이를 발효시킨 후 증류하여 만든다.

데킬라라는 명칭은 이름이 같은 마을에서 따온 것이라고 한다. 데킬라 마을은 멕시코시티로부터 약 70km 떨어진 고원에 자리하고 있는데, 데킬라 술의 기원에 대해서 다음과 같은 이야기가 전해진다.

18세기 중반경에 멕시코 서북부, 하리스코주 데킬라 마을 인근에서 대규모 산불이 나 많은 용설란이 검게 탔다고 한다. 주변 마을의 사람들이 산에 올라가 보자 일대에 말로 형언할 수 없는 향기로운 냄새가 풍겨, 검게 탄 용설란 마게이를 으깨보았다고 한다. 그랬더니

갈색의 달고 향기로운 즙이 베어 나와, 이에 착안하여 데킬라 마을에서 술을 만들기 시작했다는 것이다.

세계인이 사랑하는 유쾌한 데킬라 음주법

데킬라를 만들려면 먼저 원료인 '아가베 아즐 테킬라나(Agave Azul Tequilana)'라는 이름의 용설란을 준비해야 한다. 이 용설란은 무게가 30kg에서 40kg에 이르는데, 흙속에 파묻혀 있는 거대한 알줄기 부분을 채취하여 반으로 갈라 증기 가마에 넣고 찐 후에 롤러로 빻고 액즙을 짜내야 한다. 그런 다음 이 액즙을 탱크에 넣어 발효시키고, 단식 증류기로 두 번 증류하여 알코올 농도 50도에서 55도의 증류액만 여과시킨다. 이것을 오크통에 물과 함께 옮겨 담아 2년에서 5년 동안 저장하여 숙성시키고, 병에 넣어 완성한다. 처음에는 무색이지만, 2년 이상 오크통에서 숙성시키면 완벽한 호박색으로 바뀐다.

데킬라 마시는 방법은 그야말로 유쾌하다. 레몬 또는 라임을 동그랗게 썰어 엄지와 검지로 집고 두 손가락 사이 밑동 부분에 소금을 올린다. 레몬이 내는 신맛을 입 안에 머금고 소금을 핥은 후 원샷으로 데킬라를 마신다. 소금에는 마게이에 붙어사는 붉은 나비 유충(티니퀠)을 태워 분말로 만들어 넣으면 좋다고 한다. 데킬라는 이처럼 인간미 넘치는 음주법과 함께 1968년의 멕시코 올림픽을 계기로 일약 유명해졌다. 그러나 데킬라는 식전주로 한두 잔 정도 마시는 것이 일반적이며 다량으로 마시는 술은 아니라고 한다.

데킬라가 처음 세상에 알려지게 된 계기는 '마르가리타(Margarita)' 라는 매력적인 이름을 가진 칵테일의 폭발적인 유행 때문이다. 데킬라를 베이스로, 라임 과즙과 쿠앵트로(Cointreau, 오렌지 리큐어)를 섞어 얼음과 함께 믹서로 갈아, 끝을 물로 적셔 소금을 묻힌 글라스로 마시는 이 칵테일은 1949년에 로스앤젤레스의 바텐더가 경연에서 발표한 것이다. 마르가리타는 수렵 중의 사고로 사망한 첫 사랑의 이름을 붙인 것인데, 애틋한 사연 때문인지 독한 칵테일임에도 불구하고 로맨틱한 이미지를 가지고 있다.

5

신대륙의 감자를 원료로 사용한 북유럽의 술

자양 강장주었던 아쿠아비트

대항해 시대는 '콜럼버스의 교환(The Columbian Exchange)'이라는 말이 있을 정도로 여러 물자가 대륙을 넘나들며 교류한 시대였다. 신대륙의 옥수수, 감자, 고구마, 토마토, 카카오, 고추, 호박, 카사바, 마니옥, 담배, 해바라기 등이 구대륙 각지에서 식탁 혁명을 일으켰다. 식탁 혁명의 파도는 북유럽에도 다다라, 심각한 기근에 시달리는 경우가 일상이었던 북유럽 사회를 감자로 구제하였다. 바다 저편에서 건너온 감자는 술을 빚는 데도 사용되었는데, 이 술이 스웨덴, 덴마크, 노르웨이 등지에서 감자를 원료로 하여 만드는 증류주 '아쿠아비트(Aquavit)'이다. 아쿠아비트는 아메리카 대륙에서 전해진 저렴한 감자가 있었기에 탄생할 수 있었다.

아쿠아비트는 라틴어의 '아쿠아 비타에(aqua vitae)', 즉 생명수라는 말에서 유래했다고 한다. 증류주를 '아쿠아 데 바이테(포도에서 나온 물)'로 부른 데에서 유래했다는 설도 있다. 참고로 독일에서는 '슈납스(schnaps)'라고 부른다.

캐러웨이(커민, cumin)

북유럽의 아쿠아비트는 보드카와 같이 무색투명하고 알코올 도수는 40도에서 45도인데, 스칸디나비아반도에 자생하는 캐러웨이(커민, cumin)라는 식물의 씨앗이나 허브로 향미를 더하는 것이 특색이다.

아쿠아비트는 15세기 말에 이미 스톡홀름에서 제조되었던 것으로 보이는데, 당시에는 독일에서 수입된 고가의 와인을 증류하여 만든 고급 약용주였다. 당연히 매우 비쌌기 때문에 서민 대중은 좀처럼 접할 수 없는 술이었다.

감자가 불러온 대중화

원래 아쿠아비트는 보리 등을 원료로 만들었으나, 한랭 기후 때문에 보리 공급이 불안정해져 흉년인 해에는 정부가 술 양조를 금지했다. 술꾼들에게는 청천벽력과 같은 소식이었다. 18세기가 되어 싼 감자를 안정적으로 확보하게 되면서 원료 문제가 해결되었다. 러시아의 보드카도 그렇지만, 한랭하여 농업이 불안정한 땅에서는 원료를 미묘하게 바꾸어 마시는 즐거움을 느끼는 것보다는 알코올 성분 그 자체를 확보하는 게 문제였다.

아쿠아비트는 허브로 독특한 향기를 가미했다는 점에서 네덜란드의 진(Gin)과 같은데, 네덜란드 술 문화의 영향을 강하게 받았음을 알 수 있다. 단, 진이 노간주나무 열매를 이용하는 것과 달리, 아쿠아비트는 미나리과 향신료인 캐러웨이를 사용하는 부분이 다르다. 북유럽에서는 냉장고에서 차갑게 식힌 아쿠아비트를 전채와 함께 곁들이거나, 아쿠아비트로 위를 깨운 후 맥주를 마시는 습관이 있다.

바이킹의 술 아쿠아비트

황량한 대지에서 생활하던 노르웨이인은 바이킹이 되어 넓은 해역으로 나갔다. 그들은 교역, 때로는 약탈을 일삼으며 각지로 이주했는데, 그 흔적을 영국, 프랑스, 이베리아반도, 이탈리아반도 남부에서까지 찾을 수 있다. 이 호쾌한 바다 사내들이 즐겁게 항해할 수 있었던 비결 중 하나가 노르웨이의 아쿠아비트 '리니에(Linie)'였다. 리니에는 선(線)을 의미하는데, 여기에서는 적도를 뜻한다. 적도까지 범선으로 운반하여 숙성시킨 아쿠아비트 정도의 의미일 것이다.

애초에 아쿠아비트의 유행은 17세기 후반 이후 전 세계 바다를 호령한 영국인이 한몫을 했다. 태평양으로 진출한 영국 범선이 무게 중심을 유지하기 위한 밸러스트로 아쿠아비트 술통을 대량으로 적재하여 호주까지 왕복한 것이다. 오고 가며 두 번 적도를 넘나드는 사이에 아쿠아비트는 숙성되어 호박색으로 변했고, 풍미도 한층 짙어졌다고 한다. 이렇게 긴 시간에 걸쳐 천천히 숙성되어 술통의 색과 냄새가 밴 아쿠아비트에 리니에란 이름을 붙인 것이다. 바이킹과 영국인의 합작품이라고 해도 과언이 아니다.

6

~

맥주가 부족하여 탄생한
플리머스 식민지

맥주가 동나 더 이상 항해할 수 없었던 메이플라워호

네덜란드와 영국 등 맥주 문화권에서 온 선원들은 살균력이 강한 홉을 넣은 맥주를 음료수 대용으로 선적하며 항해에 나섰다. 와인이 고가였기 때문이기도 했다. 배에 대량으로 실은 바로 그 맥주가 바닥이 난 덕택에 미합중국의 토대가 만들어졌다는 설이 있다. 이야기는 1620년 메이플라워호를 타고 떠난 '필그림 파더스(Pilgrim Fathers, 순례 시조)'가 66일간, 4,400km가 넘는 긴 항해에 나선 것에서 시작한다.

영국의 왕 제임스 1세(재위 1603~1625)는 스스로를 잉글랜드인의 아버지라 칭하고, 독재 정치를 하며 청교도를 엄하게 탄압했다. 왕의 탄압을 참을 수 없었던 102명의 청교도(승조원이 102명이고, 실제 청교도는 40명이 채 안 되었다고도 한다)가 전체 길이 27.5m, 180톤의 작은 범선 메

플리머스항에 체류하고 있는 메이플라워호

이플라워호를 타고 아득하게 먼 대서양을 넘는 이주에 나섰다. 그들이 바로 필그림 파더스이고, 목표는 자유로운 신천지의 개척이었다.

메이플라워호는 2개월이 넘는 고난의 항해 끝에 대서양을 횡단하여 미국 연안에 닿았다. 그러던 중 마실 맥주가 바닥이 났다. 본래는 남하를 계속하여 더 따뜻한 남쪽 땅에 식민지를 세울 예정이었으나, 물 대신 마시던 맥주가 떨어져 항해를 속행할 수 없었다. 어쩔 수 없이 배는 1620년 11월 11일에 매사추세츠만에 닻을 내렸다. 그러나 혹한의 황야에서 겨울을 나는 것은 보통 어려운 일이 아니었다. 초기 이민자의 절반 이상이 그해 겨울을 못 넘기고 목숨을 잃었다. 살아남은 사람은 채 50명이 되지 않았다. 그럼에도 살아남은 이들은 현재의 보스턴 동남쪽 뉴플리머스에 식민지를 건설했고, 그 땅은 결국 영국의 13번째 식민지의 심장부로 성장을 하게 된다.

그들은 상륙에 앞서 정의와 법에 근거한 새로운 사회 건설을 약속한 메이플라워 서약을 체결했고, 이는 후일 미합중국의 건국이념이 되었다. 맥주가 바닥을 드러낸 우연한 상황 이후 미합중국의 기본형이 만들어졌다는 사실이 자못 흥미롭다. 참고로 메이플라워는 매우 흔한 배 이름으로, 당시 20척 이상의 배가 같은 이름을 사용했다고 한다. 또한 뉴플리머스는 그들이 출항한 영국의 항구 도시 플리머스에서 유래했다.

식민지의 술 애플잭

미국으로 이주한 영국인은 한동안 맥주와 와인을 본국으로부터 들여올 수밖에 없었다. 유럽에서 식민지로 향하는 맥주와 와인의 수출 행렬이 이어졌다. 예를 들어 플리머스 식민지가 건설된 지 10년 후에, 그곳을 향해 영국에서 출항한 아베라호에는 약 3만 8,000L의 와인과 같은 양의 맥주, 몰트가 든 대형 술통 120개가 선적되었다고 한다.

물론 식민지의 각 가정에서도 수제 맥주를 양조하려고 시도하였다. 그러나 한랭한 뉴잉글랜드 식민지에서 보리와 홉을 재배하기란

여간 어려운 일이 아니어서, 제대로 수확할 수가 없었다. 다행히 본국에서 들여온 사과가 뉴잉글랜드의 기후에 맞았다. 단단하게 잘 익은 사과로 만든 증류주 애플잭(Applejack)은 이윽고 식민지를 대표하는 술이 되었다. 미국 식민지가 본국의 음주 문화에서 탈피하여 고유의 음주 문화를 갖게 된 순간이다.

한편 서인도제도의 당밀을 이용한 럼(Rum)주의 제조도 활발하게 이루어졌다. 매사추세츠를 중심으로 만들어지기 시작한 럼주는 식민지 국내에서뿐 아니라, 와인보다 쉽게 부패되지 않는 음료로 알려져 선원들 사이에서도 절대적인 인기를 누렸다. 18세기 중반 무렵에는 미국 식민지 내에서 무려 159곳의 럼주 증류 공장이 세워졌다고 한다.

오락거리가 적은 식민지에서는 알코올음료가 민중의 활력소였다. 마을의 선술집은 휴게의 장소이자 사교의 장소가 되었다. 독립전쟁 전에 뉴욕에는 주민 약 45명당 1개의 비율로 술집이 있었다고 한다. 술을 좋아하기로는 원주민도 지지 않았다. 뉴욕의 맨해튼섬은 1626년에 네덜란드인이 럼주 세 통을 들여 원주민에게 구입한 일화로 유명하다.

7

설탕 혁명과 싸구려 럼

당밀로 만든 싸구려 술 럼

스티븐슨의 소설 『보물섬』의 도입부에는 해적이 부르는 노래가 등장하는데, 가사에 럼주가 등장한다. 당밀(설탕을 만들고 남은 찌꺼기)로 만드는 럼주는 말하자면, 신대륙에서 사탕수수의 폐기물을 이용하여 생산한 싸구려 술이었다. 럼주는 대서양을 오고 가는 뱃사람들의 술이자, 카리브해(Caribbean sea)를 누비며 은을 가득 실은 스페인 함선을 노리던 해적들의 술이기도 했다. 세계의 설탕 항아리가 된 카리브해의 섬들이 누린 옛 번영을 상징하는 술인 것이다.

럼은 영국 데번셔(Devonshire) 지방의 방언으로 흥분을 뜻하는 '럼블리온(Rumbulion)'이란 단어의 첫 글자를 따서 부르게 된 이름이다. 지금은 사어가 되었지만, 술 이름에 얽힌 사연은 충분히 미루어 짐작할 수 있다. '룸바(rumba)'라는 음악 장르도 같은 어원이라고 한다. 문헌에 '럼'이 처음 등장한 때는 1661년이다. 당밀을 몰라세스라고 부르는 관계로, 럼을 '몰라세스 스피릿(Molasses spirit)'이라고 부르기도 한다.

럼주는 당분의 농도가 50~55%에 달하는 당밀을 12~20%로 희석하여 만든 원료에 효모를 넣어 양조한 것으로, 누구나 간단히 만들 수 있었기 때문에 저렴했다. 발효 후에는 두 번에 걸쳐 증류하고 술통에 담아 숙성시켰다.

럼주에 도사린 노예무역과 해적의 이미지

처음에 어떻게 럼주를 만들게 되었는지는 확실하지 않다. 1651년에 작성된 한 문서에는 카리브해의 소앤틸리스제도 동쪽 끝에 있는 바베이도스에 영국인이 증류기를 가지고 들어와서 만들었다고 적혀 있다. 16세기 초반에 푸에르토리코를 탐험한 스페인인 폰세 데 레온의 일행이 만들었다는 설도 있다.

어찌 되었든 확실한 것은 18세기, 유럽에 서인도제도산 설탕이 대량으로 공급되며 '설탕 혁명'이 일어나자, 설탕을 정제한 뒤에 남은 당밀을 이용하여 영국령 자메이카섬을 중심으로 럼주를 만든 것이다. 자메이카의 존재 자체가 럼주와 함께 유럽에 알려지게 되었다. 카리브 해역의 설탕 플랜테이션은 새로운 토지를 개척하여 사탕수

수밭을 만들고, 많은 노예와 식료품, 일용품, 정제 공장 시설 등을 한데 모은 뒤 유럽 시장에 내다 팔 상품인 설탕을 대량 생산하는 시스템이었다. 그리고 이는 유럽 자본주의 경제의 원형이 되었다. 설탕의 대중화와 맞물린 대량 생산이 자본주의 경제를 탄생시킨 것이다.

그러나 여기에는 노예선과 관련한 어두운 역사가 있다. 아프리카 서안에서 출발한 노예선이 설탕 농장에서 일할 흑인 노예를 싣고 서인도제도로 운반했다. 노예를 내리고 난 뒤에는 빈 선창에 당밀을 실어 미국 뉴잉글랜드 식민지로 이동하였다. 당밀을 내린 뒤에는 다시 럼주를 싣고 아프리카로 돌아와 흑인 노예에 대한 값을 치렀다. 이른바 삼각무역이다. 노예선은 삼각무역의 주역이었고, 럼주는 노예무역과 관련되었기에 더욱 어두운 이미지를 갖게 되었다.

럼과 그로기 상태

영국 해군은 그때까지 수병들에게 맥주를 지급했으나, 점차 설탕 혁명의 부산물인 저렴한 술, 럼으로 눈을 돌렸다. 럼주에 괴혈병 예방 효과가 있다는 점도 애용하게 된 이유 중 하나로 꼽혔다. 그때부터 1970년까지 영국 해군은 수군에게 점심 식사 전에 하루 284mL(1/2 파인트)에 달하는 럼주를 지급하였다. 영국 경제를 떠받드는 중요한 기둥 중 하나가 설탕이었기 때문에, 그 교역 루트를 지키는 해군 수병들에게 럼주를 지급한 것은 당연한 보상이라고도 볼 수 있다.

그러나 무엇이든 도가 지나치지 않게 약간은 부족하게 주는 것이 중요하다. 1739년에 불과 6척의 군함으로 파나마의 포르토벨로 요새를 점령하여 유명해진 영국 해군의 버논(Vernon) 제독이 수병의 건강을 생각해서 "럼을 4배의 물로 희석하여 두 번에 나누어 지급하라"고 명령했다. 소위 물 타기를 하라는 것인데, 이내 독한 술을 마시는 데 익숙해진 수병들 사이에서 비난이 들끓었다. "물 같은 술을 마실 수 없다", "왜 인생 최대의 즐거움을 빼앗아 가는 것인가?"라며 분노한 것이다.

분개한 수병들은 버논이 그로그램(Grogram)이라고 불리는 거친 평직 외투를 입고 다니는 모습을 희화화하여, '올드 그로그(Old grog, 낡아빠졌다)'라는 별명을 붙여 울분을 토했다. 그러나 습관은 무서운 법, 버논이 제안한 물 탄 럼은 이윽고 '그로그(Grog)'라는 술로 정착되었다.

권투를 하다 상대에게 강타당해 비틀거리는 모습을 '그로기(Groggy)' 상태라고 하는데, 럼주를 과음한 상태에서 나온 말이다. 저렴한 술을 판매하는 싸구려 술집을 '그로그 숍(grogshop)'이라고 하는 것도 같은 어원에서 왔다.

대영 제국 해군을 뒷받침해준 럼주

럼주는 대서양 교역에서 통화를 대신하여 통용되었다. 그러다가 18세기 중반이 되었을 때 영국은 자국령 식민지 이외 지역에서 생산된 당밀에 많은 세금을 부과해 럼주 제조에 따른 이익을 독점하고자 하였다. 그러자 미국 식민지에서 싸고 질 좋은 프랑스 식민지산 당밀에 대한 밀수가 활발하게 이루어졌다. 화가 치밀어 오른 영국 정부는 1764년에 미국 식민지에서 당밀 조례를 제정하여 당밀의 밀수를 엄격하게 단속했다. 이 조례가 제정되었을 즈음부터 영국 본국과 미국 식민지 사이의 대립이 첨예하게 부딪치게 되었다.

미합중국의 성립 후에는 인도적 견지에서 노예무역에 대한 비판이 강해졌다. 따라서 영국은 1807년에 당밀 수입 금지령에 이어, 다음 해에 노예 거래 폐지령을 발표했다. 럼주를 매개로 한 대서양의 노예무역 시스템이 무너지고, 미국에서 럼주를 제조하던 시대도 마지막을 고했다.

1805년 10월 21일, 트라팔가르 앞바다에 벌어진 해전에서 넬슨(Nelson) 제독이 이끄는 영국 해군이 프랑스와 스페인 연합군을 쳐부수는 기적적인 승리를 거뒀다. 나폴레옹의 야망으로부터 영국을 지켜낸 중요한 전투였다. 당시 영국 해군은 전함 27척, 대포 1,238문을 보유하고 있었고, 프랑스·스페인 연합군은 전함 33척, 대포 2,640문을 보유해 영국을 압도하는 전력이었다. 그러나 넬슨은 임전불퇴의 결의로 연합국의 전함 20여 척을 침몰시키며 압도적으로 승리했다.

그러나 이 전투에서 넬슨은 적함으로부터 저격당하고, "신에게 감사한다. 나는 나의 의무를 다했다"는 말을 남긴 채 배 위에서 극적으로 전사하고 만다. 넬슨의 유해는 부패를 방지하기 위해 럼주 술통에 담겨 옮겨졌는데, 귀국한 후에 술통을 열어보니 술이 거의 남아 있지 않았다고 한다. 항해 도중 부하들이 존경의 의미를 담아 술을 마셔버린 것이다. 그때부터 영국 해군에 배급되는 럼을 '넬슨스 블러드(Nelson's blood, 넬슨의 피)'라고 부르게 되었다고 한다.

19세기 중반이 되자 연속식 증류기를 사용하여 저렴하고 가벼운 럼을 만들 수 있게 되었다. 이런 럼주는 일반적으로는 콜라를 섞어 마신다. 중남미에서는 럼과 콜라를 베이스로 한 칵테일이 쿠바의 독립운동 당시에 생긴 구호인 '쿠바 리버(스페인어로 쿠바 리브레, Cuba Libre)'라고 불리며 대중화되었다. 케이크를 만들 때 이용하기도 하고, 기본 칵테일로도 애용된다.

8

포경의 중계 기지 하와이의 '철의 엉덩이'

포경과 하와이

태평양은 지구상의 모든 육지를 집어삼킬 수 있을 정도로 넓은 바다이다. 그 크기 때문인지 오랫동안 개발이 지연되었고, 태평양 연안의 풍부한 자연 환경은 유지될 수 있었다. 그러나 18세기 후반부터 태평양 개발에 속도가 붙기 시작하였다. 영국의 항해가 제임스 쿡(James Cook, 1728~1779)의 세 번에 걸친 항해로, 호주와 뉴질랜드를 비롯한 태평양의 윤곽이 드러나게 된 것이다.

당시 본격화된 산업혁명으로 인하여 도시가 폭발적으로 성장하였고, 따라서 도시의 가로등이나 램프를 밝힐 고래기름(Whale oil)을 획득하기 위한 포경업이 주요 산업으로 떠올랐다. 석유가 본격적으로 이용되기 시작한 1850년 이전의 이야기이다. 당시 포경의 중심지는 미국이었고, 항유고래와 북태평양참고래 등의 고래가 서식하는 태평양이 주요 어장이 되었다. 아편 전쟁이 끝난 1842년경에는 200척 이상의 포경선이 바다로 나와, 연간 약 1만 마리의 향유고래를 포획했다는 기록이 있다. 바야흐로 고래의 수난 시대였다.

에이허브 선장과 흰 고래 모비 딕의 사투를 그린 소설 『모비 딕』의 저자 허먼 멜빌(Herman Melville, 1819~1891)은 그 자신이 포경선에 탔던 경험이 있었다. 멜빌은 정해진 안전한 항로를 항해하는 상선이 아니라, 새끼를 키우고 포식하기 위하여 바다를 유유히 이동하는 고래를 쫓아 미지의 해역을 항해하는 용감한 포경선이야말로 진정 바다를 개척하는 것이라고 기록했다.

당시는 태평양 중간에 위치한 하와이의 호놀룰루가 포경선의 중계 기지로 북적였다. 19세기에는 호놀룰루에 연간 600척 이상의 배가 기항했다는 기록이 있을 정도이다. 현재 전 세계의 관광객을 끌어모으며 대규모 리조트가 줄지어 선 호놀룰루의 번영은 고래로 인해 그 기반이 구축된 것이나 다름없다. 오늘날에도 하와이에는 포경업이 전성기를 누리던 시절을 회상하게 하는 고래기름 정제용 철제 냄비를 사용하여 만드는 술이 있다.

당시의 포경선은 한번 항해에 나서면 선창이 고래기름으로 가득 찰 때까지 모항으로 돌아오지 않아, 4년 이상 걸리는 긴 항해를 했다. 하와이의 호놀룰루는 포경선에 식량 및 물 등을 보급하는 기지로서 큰 역할을 담당했다. 그러나 고래의 보고였던 일본 근해를 주유하는 고래를 쫓아가려면 일본 열도에도 식량과 음료수 보급지가 필요했다. 미국의 포경업자가 오가사와라를 거점으로 확보함과 동시에, 페리 제독을 파견하여 개국을 요구한 것은 그 때문이다. 당시 미국의 주요 산업은 포경이었고, 포경 선단은 일본 근해에서 물과 식량을 안정적으로 입수할 필요가 있었다.

고래기름 냄비로 만든 '철의 엉덩이'

19세기 후반이 되면 사탕수수와 파인애플 재배에 종사하기 위해 미국으로 떠나는 이민자가 나날이 증가했다. 1835년 하와이 카우아이섬에 제당회사가 세워지자, 노동력 부족 현상이 심화되었다.

이에 앞서 1790년경에는 태평양을 항해하던 도중에 하와이를 방문한 영국의 증류업자 윌리엄 스티븐슨이 하와이의 특산품 타로 고구마(taro potato, 현지어로 티(Ti))를 주목했다. 넘쳐나는 타로 고구마로 증류주를 만들면 큰돈을 벌 수 있을 것이라고 생각한 것이다. 그러나 당연한 이야기이지만, 하와이에는 증류기가 없었다. 그래서 착안한 방법이 포경선에서 기름을 바짝 조릴 때 사용하는 철 냄비를 사용하는 것이었다. 스티븐슨은 철 냄비를 사용하여 간단한 증류 장치를 만들어 술을 만들었다. 막상 시도해 마셔보니 맛이 그런대로 괜찮았다. 이 술을 상품으로 만들면서 다소 기묘한 이름을 붙였다. 양조와 증류에 사용한 고래기름용 철 냄비가 풍만한 여인의 엉덩이와 비슷하다며, '오코레하오(Okolehao, 폴리네시아어로 '철의 엉덩이'라는 의미)'라는 이름을 붙인 것이다. 한편으로는 너무 노골적인 이름이라 '오케(Oke)'라고 줄여 부르는 경우도 많다.

1893년 하와이에 이주한 미국인이 반란을 일으켜 카메하메하 왕조를 무너뜨리고, 미국에 합병할 것을 요구했다. 1845년에 미국에 병합된 멕시코령 텍사스 때와 같은 수법이었다. 미국과 스페인 간의 전쟁이 한창이던 1898년, 결국 공화당 출신 대통령 매킨리가 하와이를 병합한다. 하와이가 자랑하는 위대한 '철의 엉덩이'는 미국의 술로 바뀌었다. 하와이 사람들은 이 독한 술을 스트레이트로 마시지만, '철의 엉덩이'가 생소한 관광객은 그냥 마시기엔 두려워 콜라나 주스를 섞어 마신다.

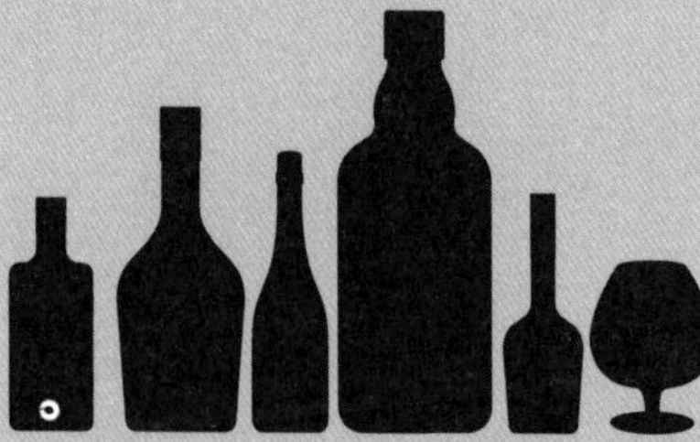

─ 5장 ─

근대 사회가
키운 술

산업혁명 이후 도시는 생산의 거점이 되어 폭발적으로 규모가
확대되었고, 철도가 광활한 지역을 고속으로 연결했다. 새로운
사회 시스템이 확산되고 도시화가 진행됨에 따라, 술에 대한
수요도 급증하여 대량 생산이 시작되었다. 술은 이제 하나의
상품으로서 양산되었고, 국경을 넘어 대량으로 팔려나가는 시
대에 직면했다.

1

∾

영국, 네덜란드가 주도한
술의 상품화

절대 부패되어서는 안 되는 상품

17세기 네덜란드는 모직물 산업과 조선업을 배경으로, 상업 국가로 거듭났다. 1580년대부터 1660년대에 걸쳐, 네덜란드의 모직물 생산액은 5.5배로 급성장한다. 또한 북해 어장을 장악하여 어업이 대규모로 확대되었는데, 이에 따라 조선업이 함께 발전하였다. 바람을 제어하면서 무거운 목재를 옮길 수 있는 대형 크레인을 사용하는 등 기계화, 표준화된 네덜란드 조선업은 유럽에서 월등히 우수한 생산 능력을 뽐냈고, 로프 등 항해 용품 제조, 해양 지도 출판 등 관련 산업의 발달을 선도하였다. 또한 염색업, 제당업, 제재업, 양조업, 피혁 생산 등에서도 네덜란드는 유럽을 압도했다. 1622년 당시, 네덜란드 국민의 60%는 도시에 거주했으며, 그중 3/4이 인구 1만 명 이상의 대도시에서 생활했다. 그때까지 그 어디에서도 존재하지 않던 부유한 상업 국가가 탄생한 것이다.

"네덜란드 사람은 꿀과 같이 모든 국가로부터 단물을 빨아들였다. 노르웨이는 그들의 삼림이고, 라인강과 가론강, 도르도뉴강의 강가는 그들의 포도원이다. 독인, 스페인, 아일랜드는 그들의 양목장이고, 페르시아, 폴란드는 그들의 곡창이며, 인도, 아라비아는 그들의 정원이다"라는 말은 스페인을 대신하여 유럽의 교역망을 지배한 당시 네덜란드의 번영을 잘 보여주고 있다.

수도 암스테르담은 이제 유럽 최대의 상업 도시로 성장하였다. 1609년이 되자 베네치아의 리알토 은행을 본 딴 암스테르담 외환은행이 설립되어 외환 수표 제도를 발전시켰고, 이로써 암스테르담은 유럽 금융 거래의 중심지로도 자리매김했다. 1613년에는 주식 거래소도 설립했다. 17세기가 끝나기 전까지 암스테르담 외환은행의 예금 잔액은 16배로 급증했다.

1634년, 네덜란드는 3만 4,850척의 배를 보유하고 있었다. 이 가운데 2만 척은 유럽 내부를 속속들이 누볐고, 나머지 1만 4,850척 중 6,000척은 발트해 무역, 2,500척은 북해 무역, 1,000척은 라인강과 뫼즈강 항해에 사용되었다. 영국, 프랑스 등과의 교역에는 1,500척, 스페인, 아프리카 북안, 지중해와는 800척, 아프리카, 브라질, 동서인도와는 300척, 러시아, 그린란드와는 250척이 동원되었고, 나머지 2,500척은 다방면으로 사용했다고 한다. 네덜란드는 유럽 제일의 해군 국가로 군림했고, 그들이 유럽에 팔아치운 주요 상품은 주류였다.

허나 승승장구하던 네덜란드도 고민은 있었다. 맥주나 와인을 대량으로 운송하며 불거진 상품의 부패 문제였다. 영리한 네덜란드인들은 잘 부패하지 않는 라거(Lager) 맥주의 보급을 꾀하고, 와인을 끓여 브랜디(Brandy)로 만들어 부패를 억제하여 수송 효율성을 높이는 식으로 대응했다.

세계를 크게 변모시킨 식탁 혁명

18세기가 되자 영국과 프랑스에서는 카리브 해역에서 생산하는 설탕의 양이 폭발적으로 증가하여 설탕이 대중화되었고(설탕 혁명), 아라비아반도산 커피와 중국산 홍차에 설탕을 넣어 마시는 새로운 식탁 문화가 유럽에 정착하면서 이른바 '식탁 혁명'이 일어났다. 유럽인의 식탁 위에서 세계가 연결된 것이다.

식탁 혁명을 이끈 식품은 뭐니 뭐니 해도 설탕이었다. 사탕수수는 벌채를 하면 얼마 지나지 않아 당도가 떨어지기 때문에, 수확 후 짧은 시간 동안 파쇄하여 설탕물을 짜내고 증류에서 정제까지 해야 했다. 이를 위해 많은 노동력과 설탕 제조를 위한 대규모 공업 시설이 필요했다. 사탕수수 재배의 규모가 커지면서, 설탕을 정제하고 남은 저렴한 찌꺼기인 당밀을 사용한 럼주를 대량으로 제조하게 되었다.

사탕수수 플랜테이션은 수차, 풍차, 가축 등을 동력으로 사용하는 설탕 정제 공장을 함께 건설해야 했기 때문에, 많은 수의 흑인 노예를 비롯하여 그들을 위한 곡물과 일용품, 설탕 공장을 유지하기 위한 제반 설비와 가축 등에 구입하는 데 막대한 비용이 소요되었다. 그래도 유럽의 설탕 시장이 워낙 거대했기에, 상품을 내다 팔기만 하면 초기 투자를 훨씬 뛰어넘는 어마어마한 수입을 얻을 수 있었다.

아무것도 없던 황무지에 노예, 식량, 가축, 제반 설비, 술, 일용품 등을 화폐로 구입한 뒤 경영한 설탕 플랜테이션은 자본주의 경제 시스템의 선구적인 모델이 되었다. 모든 것이 화폐가 통용되며 순환하는 경제 시스템이다.

18세기 후반에는 이러한 환대서양 경제권의 성장을 기반으로 영국이 주도한 또 다른 변화가 일어났다. 영국 동인도 회사가 주도한 이른바 '의류 혁명'이다. 동인도회사가 인도양을 통해 들어오던 인도산 면포를 환대서양 경제권에 끌고 들어와 발생한 혁명이다. 인도산 면포는 같은 기후대에 속하는 환대서양 세계에서 크게 환영을 받아 유망 상품이 되었다. 면포에 대한 수요가 폭발적으로 늘어난 덕분에 각종 기계와 증기기관이 발명되며 산업혁명을 촉발했다. 산업혁명 이후 도시는 생산의 거점이 되어 폭발적으로 규모가 확대되었고, 철도가 광활한 지역을 고속으로 연결했다. 새로운 사회 시스템이 확산되고 도시화가 진행됨에 따라, 술에 대한 수요도 급증하여 대량 생산이 시작되었다. 술은 이제 하나의 상품으로서 양산되었고, 국경을 넘어 대량으로 팔려나가는 시대에 직면했다.

2

~

고급술의 대명사 코냑

와인의 장거리 수송을 위해 태어난 브랜디

상품인 술을 부패 없이 장거리 수송해야 했던 네덜란드 상인의 고민은 깊어만 갔다. 여러 방법을 시도한 끝에 새로운 아이디어가 나왔다. 열을 가해 와인 속 세균을 죽이는 것이었다. 그렇게 탄생한 브랜디(Brandy)는 오늘날 고급술로서의 이미지가 강한데, 처음에는 와인을 장기 보존하기 위한 목적에서 만든 저렴한 술에 지나지 않았다. 굳이 비교하자면 최초의 브랜디는 동양의 소주와 비슷한 지위였다.

네덜란드 상인은 중세와 같이 생명수를 만들고자 한 것이 아니다. 철저히 이익을 내기 위한 계산에서 만든 것이다. 17세기의 네덜란드는 유럽 여러 하천을 지나는 교역망을 지배한 수군 국가로, 네덜란드 상인은 각지에서 와인 매매로 큰돈을 벌고 있었다.

네덜란드 상인은 프랑스 보르도(Bordeaux)산 와인을 구입해 북쪽으로 100km 떨어진 곳에 위치한 라로쉘(La Rochelle)항을 통해 맥주를 주로 마시던 영국과 북유럽 일대로 내다 팔아 큰 재미를 봤다. 그들은 어떻게 해서든 효율적으로 와인을 운송하여 더 큰 이익을 내려고 노력했다. 그러던 중 와인을 증류, 농축시킨 후에 물로 희석하여 팔면 양도 많아지고 부패도 방지할 수 있어 일석이조가 될 거란 생각에 다다랐다. 와인 증류에 적합한 효율성 높은 증류기도 연구하여 시험 삼아 증류한 와인을 마셔보자 전혀 다른 음료가 된 듯 맛이 매우 좋았다. 이것이 그대로 브랜디가 되었다.

오늘날의 브랜디는 신맛이 강한 포도를 원료로 백포도주를 만들어 발효, 증류시킨 후, 5년에서 10년 혹은 그 이상의 기간 동안 오크통에서 숙성시켜 만든다. 브랜디의 어원은 네덜란드어 '브란데베인(brandewijn)'인데, '불태운 와인'이라는 의미이다. 증류할 때 불을 가하던 것에서 유래했을 것이다.

코냑과 아르마냑

코냑(Cognac)은 샴페인처럼 생산지의 이름이 그대로 보통명사가 된 술이다. 프랑스 남서부 샤랑트(Charente) 지역의 작은 도시 코냑에서는 오래전부터 와인을 생산하여 판매하고 있었는데, 양질의 보르도 와인에 밀려 인기를 잃었다. 그러자 이 지역 특산물인 암염을 사러 온 네덜란드 상인이 코냑의 와인 생산자들에게 증류를 해보라고 추천했다는 이야기가 있다. 혹은 와인의 세금 부과 방식이 오크통을 기준으로 바뀌게 되자 세금을 적게 내기 위해서 증류를 시작했다는 설도 있다. 이유야 무엇이든 코냑 지역은 석회질 토양으로, 원래 신맛이 강한 포도만 자라나 품질 좋은 와인을 만들 수 없었는데, 브랜디를 만들자 신맛이 강한 와인이 오히려 강점이 되어 매우 훌륭한 맛으로 변했다.

브랜디가 영국과 네덜란드 등지에서 인기를 끌자, 자연스럽게 코냑의 브랜디도 명성이 높아졌다. 당분이 적은 코냑의 와인은 두 번 이상 증류해도 캐러멜이 되지 않았고, 숙성 과정에서 신맛이 박테리아에 분해되었기 때문에 말할 수 없이 좋은 향기만 남게 되었다. 증류를 하자 이 지역 포도의 진가가 발휘된 것이다.

코냑은 프랑스 중남부의 리무쟁과 토론세에서 생산한 품질 좋은 오크통 속에서 2년 이상 숙성시켜 만든다. 이때 에스테르라는 방향성분이 생성되고, 통 재료로부터 색소와 타닌 등이 용출되어 갈색을 띠도록 연구되었다. 코냑 지역민들은 숙성 과정 중에 증발되어버리는 술을 '천사의 할당'이라고 불렀는데, 술의 양은 줄어들지만 대신에 좋은 향과 고유의 색채를 얻을 수 있었기 때문이다.

보르도에서 남서쪽에 위치하는 가론강 상류의 아르마냑(Armagnac) 지역에서도 코냑과 마찬가지로 17세기에 네덜란드 상인이 브랜디 양조를 주도했다. 그들은 아르마냑의 와인을 싣고 가론강

을 따라 내려가 하구에 있는 보르도를 통해 영국 등의 맥주 권역으로 수출했다. 그러자 보르도의 와인 업자들이 법률을 만들어, 가론강을 이용하는 상인은 보르도 와인 이외에는 술을 수출할 수 없도록 하였다. 이에 대항하여 네덜란드 상인은 아르마냑 지방의 와인을 브랜디로 만들어 운반하는 묘수를 찾아냈다. 그러면 다른 술을 취급하게 되는 것이므로 와인 업자들이 불평을 할 이유가 없게 되는 것이다.

코냑과 아르마냑은 만드는 방법에 있어 차이를 보인다. 아르마냑은 한 번만 증류하여 알코올 농도를 55도에서 60도로 만든 뒤 오크통에 넣어 숙성하는 데 반해, 코냑은 두 번 증류하여 알코올 농도가 60도에서 70도에 달하는 술을 숙성한다. 그러나 병에 넣어 시중에서 판매할 때는 모두 알코올 도수 40도에서 43도로 조정된다.

한편 프랑스에서 구교와 신교의 갈등 끝에 위그노 전쟁(1562~1598)이 발발했다. 나라가 둘로 나뉘어 싸우는 기간이 길어질수록 정세는 어지러워졌고, 소비 역시 급격히 줄어들었다. 고민에 싸인 프랑스의 와인 생산자들은 브랜디를 제조해 해외 판로를 확대하였고, 이는 오히려 낭보가 되었다. 네덜란드 상인이 독한 술을 좋아하는 영국과 북유럽에 브랜디를 날개 돋친 듯이 팔았기 때문이다. 코냑도, 아르마냑도 맥주권에서 명성을 드높이게 되었다.

싸구려에서 고급술로

코냑 지방에서는 브랜디를 '뱅 브륄레(Vin brûlé, 불태운 와인)'라고 불렀는데, 네덜란드 상인이 같은 뜻의 네덜란드어인 '브란데베인(Brandewijn)'으로 바꾸어 영국 시장에 판매했다. 브랜디의 맛과 향에 포로가 된 영국인은 그 이름을 '브랜드 와인(brand wine)'으로 바꾸어 부르다가, 한 번 더 줄여서 '브랜디(brandy)'라고 부르며 고급 알코올 음료의 이미지를 만들었다. 즉 브랜디가 지닌 고급술의 이미지는 프랑스가 아닌, 네덜란드인이 영국에서 만든 것이라 해도 과언이 아니다. 네덜란드에 이어 세계의 패권을 쥐게 된 부자 나라 영국이 브랜디의 가치를 인정하자, 술 시장에서의 브랜디의 입지가 단단해졌다.

사실 루이 14세가 통치하던 17세기 프랑스에서는 브랜디를 동양의 소주 같은 서민 음료로 소비했다고 한다. 파리 등의 대도시에서는 브랜디를 심지어 중량을 재어 팔 정도였다. 장사꾼이 술병과 계량컵을 넣은 바구니를 목에 걸고 거리를 돌아다니며 파는 광경을 흔히 볼 수 있었다.

루이 14세가 불과 다섯 살에 왕위에 오른 1643년으로 돌아가 보자. 30년 전쟁(1618~1648)이 한창이던 그해에, 스물여덟 살의 필립 오지에가 현존하는 가장 오래된 코냑 증류소를 창설하였다. 오늘날까지 이어지고 있는 오지에 프레르(Augier Freres)이다. 최근까지 쓰리스타 등급의 코냑에 '로아 솔레이(le Roi Soleil, 태양왕)'라는 이름을 붙이고 브랜디(코냑) 육성에 노력한 태양왕 루이 14세의 초상을 라벨로 사용했다. 현재는 '오지에 쓰리스타'라는 이름으로 개명되었다.

18세기에 들어서자 프랑스산 브랜디는 영국 부르주아지들에게 큰 사랑을 받게 되었고, 19세기에는 부르주아지의 술이라는 지위를 견고히 했다. 우리 식으로 비유하자면, 소주가 어마어마하게 출세한 셈이다.

3

∼

겨울의 추위가 만들어낸
기적의 발포주 샴페인

하늘의 별을 마시는 기분

브랜디와 달리 처음부터 귀족의 술로 등장한 것이 '샴페인 (Champagne)'이다. 태양왕 루이 14세가 통치한 17세기 후반의 프랑스는 절대 왕정의 전성기였는데, 이 시기에 47년 동안이나 묵묵히 일해온 베네딕트파 수도원의 수도사 피에르 페리뇽이 샹파뉴 (Champagne) 지방에서 발명한 발포 와인이 바로 샹파뉴(샴페인은 샹파뉴의 영어 발음)이다.

1680년경 오빌리에 수도원의 출납계 겸 술 저장고를 담당하던 페리뇽이 술 창고에서 깨진 와인 한 병을 발견했다. 거품과 함께 흘러나온 술을 보자 호기심에 핥아보았는데, 절묘한 맛이 났다. 그는 감격한 나머지 "마치 하늘의 별을 마시는 것 같다"고 읊조렸다고 한다. 후일 샴페인이라고 불리게 된 발포 와인이 등장한 순간이다.

이 우연한 발견의 사연은 다음과 같다. 원래 샹파뉴 지방에서는 와인을 가을에 주조했는데, 추운 겨울 동안 발효가 정지되고 운 좋게 조건이 맞으면 봄에 다시 발효를 시작했다. 스페인에서 온 수도사가 물통 뚜껑으로 통기성이 좋은 코르크를 사용하는 것을 보고 흥미를 느낀 페리뇽은, 기존에 쓰던 기름에 적신 마로 된 덮개 대신 코르크로 와인 뚜껑을 바꿔놓았다. 겨울을 지나 봄이 되면서 와인에 탄산가스가 생겼는데, 딱딱한 코르크로 단단히 막았던 까닭에 병이 파열된 것이다. 반짝이는 별과 같이 달콤한 와인은 이렇게 탄생했다.

페리뇽은 이후 생을 마감할 때까지 병이 파열될 위험을 감수하면서 발포 와인을 계속 만들었다고 한다. 무사히 병이 깨지지 않고 살아남은 비율이 60% 정도였다고 하니, 이로 인한 손실과 부상의 위험을 상시 감내해야 하는 술 제조법이었다. 페리뇽은 또한 풍미가 서로 다른 피노누아와 샤르도네 포도를 조합하여 샴페인의 품질과 맛을 향상시키기 위해 노력하였다. '와인에 처음으로 거품을 넣은 마술사'라는 찬사를 가슴에 새기고, 페리뇽은 1715년에 세상을 떠났다.

샴페인은 1차 발효를 끝낸 와인에 당분과 효모를 첨가하여 병에 포장하고, 다시 알코올 발효를 시켜 탄산가스를 병 안에 머금은 상태로 숙성시킨다. 출하 시에는 앙금과 효모를 신속하게 제거해야 하므로 제조가 어렵다. 숙성 중인 병을 서서히 기울여 앙금을 입구 부분에 모으고, 병을 거꾸로 세워 입구 부분만 동결시켜 빠르게 앙금을 제거한다. 번거로운 과정이 아닐 수 없다. 그만큼 숙련된 기술이 요구되었다. 샴페인에 대한 평가는 높아져 갔다.

샴페인의 마케팅 전략

샴페인 업자는 이 달고 진기한 와인을 사회적 지위를 드러내는 술로 솜씨 좋게 마케팅했다. 프랑스혁명 전야부터 빈 회의로 이어지는 동란의 시대, 샴페인은 궁정 내부에서부터 맛좋은 고가의 와인이라는 평가를 확립해나갔다.

부르고뉴 지방의 이름난 와인 생산지 본 로마네(Vosne-Romanée) 지역의 포도밭을 둘러싸고 프랑스 왕실에서 한바탕 분란이 일어났다. 왕의 먼 친척인 콩티 왕자(The prince de Conti)가 루이 15세의 애첩 퐁파두르 부인(Madame de Pompadour)을 제치고 포도밭을 손에 넣은 것이다. 이 사실을 안 퐁파두르는 "여성이 마시고 아름다움을 잃지 않는 와인은 샴페인뿐이다"라고 하며 분한 마음을 달랠 수밖에 없었다. 콩티 왕자의 이름을 딴 와인 '로마네 콩티(Romanée-Conti)'는 현재도 한 해에 3,000여 병만 생산되는 고급 와인의 대명사로, "이야기하는 사람은 많지만 마신 사람은 별로 없다"라고 일컬어지는 세계에서 가장 비싼 와인이 되었다.

루이 16세의 왕비 마리 앙투아네트도 파이퍼 하이직(Piper Heidsieck)사가 헌상한 샴페인을 즐겨 마셨다고 한다. 이 샴페인은 할

리우드 스타 마릴린 먼로가 매일 아침 마신 걸로도 유명한데, 호사가의 입에 오르내릴 만하다.

프랑스혁명이 발발한 후에는 혁명가와 신흥 부르주아지들이 높은 사회적 지위를 드러내는 술로 각인된 샴페인을 엄청나게 소비했다고 한다. 역시 모든 상품은 이미지가 가장 중요하다. 프랑스에는 '여성에게 샴페인'이라는 말이 있다. 여성의 마음을 사려면 샴페인을 마시게 해야 한다는 의미이다. 이로써 샴페인은 우아한 이미지까지 부여받았다.

나폴레옹이 유럽 패권자의 자리에서 쫓겨나고, 혁명이 남긴 혼란

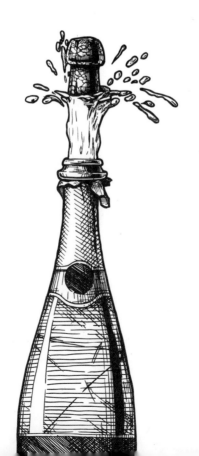

을 수습하기 위해 열린 빈 회의에서도 샴페인의 활약상을 볼 수 있다. 당시 샴페인이 프랑스를 위기에서 구한 거나 다름없다는 말이 회자될 정도였다. 빈 회의에 프랑스 대표로 참석한 외무상 탈레랑(Talleyrand)이 미식과 샴페인을 곁들인 외교로 빈 회의를 요리하고, 프랑스를 향한 비난의 화살을 나폴레옹과 혁명으로 돌리며 프랑스의 국익을 지켰던 것이다. 각국 정상들은 샴페인을 마시며 회의를 진행했고, 빈 회의 이후 샴페인은 연회에서 빠져서는 안 될 술이 되었다.

4

~

네덜란드가 낳고
영국이 기른 술 진

네덜란드의 해외 진출을 뒷받침한 술

산업혁명이 떠들썩하게 사회를 풍비한 시기에 영국에서 크게 유행한 대중적인 술이 바로 '진(Gin)'이다. 도시가 폭발하던 시대, 갑자기 팽창한 도시에서의 생활은 비위생적이고 비참했다. 허기진 노동자는 식사 대신에 진으로 공복을 달래야만 했다.

진은 원래 네덜란드인이 해외 판매를 위해 고안한 술이었다. 1649년, 네덜란드 레이던 대학의 의학자 프란시스퀴스 실비우스(통칭 닥터 실비우스, 1614~1672)가 이뇨 작용을 하는 '주니퍼 베리(Juniper berry, 노간주나무 열매)'를 쉽게 섭취할 수 있도록 알코올에 담가 증류한 것이다. 이 술은 이뇨, 소화, 해열에 효과가 좋았고, 사탕수수 재배 때문에 카리브 해역으로 이주하는 네덜란드인들을 위한 약용주로 판매되었다. 환대서양 경제권이 성장하던 시기로, 새로운 사업을 시작하려는 많은 네덜란드인이 열대의 카리브 해역으로 이주했는데, 기후 조건이 너무나 달랐기에 위장을 다스릴 약이 필요했다.

실비우스는 자신이 고안한 술에 '주니에브르(Genièvre)'라는 이름을 붙여 레이던 약국에 전매권을 주었다. 그는 이익을 올리는 일에 대해서는 전혀 무관심했다. 그러나 이 약용주는 호평을 받아 날개 돋친 듯이 팔렸고, 이 술을 팔았던 많은 약국은 말 그대로 대박이 났다. 코카콜라가 세상에 처음 나왔을 때가 연상되는 이야기이다.

진은 보리와 호밀 등을 혼합한 것에 맥아를 추가하여 발효시키고, 노간주나무의 초근목피, 고수풀 등의 다양한 허브를 추가한 후 증류하여 만든다. 무색투명하고 알코올 농도가 40~50%에 달하는, 특유의 송진 향이 나는 술이다. 단식 증류기로 두 번에서 세 번 증류한 진에는 원료인 곡물 향도 남아 있고, 여기에 노간주나무 열매의 향이 추가되었기 때문에 복잡한 맛이 났다. 즉 쓰고 무거운 술이었다. 의외로 송진 향을 사람들이 쉽게 받아들여 음용이 확대되었고, 곧 네덜란드를 대표하는 술이 되었다. 네덜란드가 아시아의 식민지 자바에 이민용으로 수출할 정도였다. 진이라는 이름은 '주니에브르'를 스위스의 도시 제네바(Geneva)로 착각한 영국인들이 철자를 줄여 영어식으로 '진(Gin)'이라고 부른 데서 유래한다.

명예혁명은 진 혁명

명예혁명(1688~1689)으로 제임스 2세가 프랑스로 망명한 후, 차기 영국 국왕으로 낙점된 메리 2세(재위 1689~1694)와 윌리엄 3세(재위 1689~1702)가 네덜란드로부터 귀국했다. 네덜란드 출신인 윌리엄 3세는 네덜란드의 진을 영국에서 유행시켜야겠다고 마음먹었다. 이에 따라 프랑스산 와인과 브랜디의 관세를 올리는 한편, 지방에서는 모국의 주니퍼 베리를 생산할 것을 장려하였다. 또한 "진정한 영국 국민이라면 모두 함께 진을 마시자. 진의 원료인 보리는 영국 농민이

키운 작물이다. 진을 마시고 우리 농민을 지지하자"라는 호소도 잊지
않았다.

월리엄 3세는 입헌군주제의 기초를 구축한 왕으로 평가되는데,
그뿐만 아니라 영국에 진을 정착시킨 공도 크다. 만약 월리엄 3세가
영국 국왕이 되지 않았다면 진이라는 술은 그 정도로 영국에 깊이
침투하지 못했을 것이다. 영국은 그때까지 잉글랜드 서북부에서 만
드는 사과주(Cider)를 국민적인 알코올음료로 애용하였으나, 월리엄
3세의 장려 정책으로 인해 진 소비 대국으로 바뀌었다. 정치가 술의
운명을 개척하고, 진은 영국에서 제2의 생을 시작했다.

1684년부터 1727년에 걸쳐 영국의 진 생산량은 50만 갤런에서
350만 갤런으로 7배나 뛰어올랐다. 가격이 저렴했기 때문에 민중이
과도하게 마시는 게 심각한 사회 문제로 대두되었다. 18세기 전반에
는 서민들이 진을 물 대신 마구 마셨는데, 진을 마시면 누구나 왕이
된 듯 호쾌한 기분을 낼 수 있다는 소문이 퍼지며 서민 생활에 깊숙
이 침투했다. 그런 의미에서 진은 '로열 포버티(Royal poverty, 왕이 부럽
지 않은 가난)'라고도 불렸다.

노동자는 물보다 진

런던에서는 차나 우유보다 진의 가격이 훨씬 쌌고, 펍(Pub)뿐 아니
라 이발소나 담뱃가게에서도 진을 손쉽게 구입할 수 있었다. 이 때문

윌리엄 호가스, 〈진 골목〉, 동판화, 1751

에 가난한 사람들은 진을 진탕 마시고 술주정뱅이가 되기 일쑤였고, 술로 인한 범죄가 급증했다. 어린아이마저 진을 마셨다. 도시는 과밀 상태였고 음료수는 오염되었기 때문에, 가난한 엄마가 젖먹이 아이에게 진을 먹이는 장면이 심심찮게 목도되었다. "런던 시민 10만 명의 주식은 진이었다"는 말이 떠돌 정도였다. 이미 1735년에 영국의 진 생산량은 약 2,000만 L에 달했고, 유아를 포함하여 한 사람이 하루에 4L에서 5L씩 진을 마셨다.

1751년에 윌리엄 호가스가 그린 〈진 골목〉이라는 그림을 보면,

술에 취해 아기를 내던지는 엄마와 술값을 구하려고 전당포에 냄비나 주전자를 저당 잡히러 가는 사람, 목을 매며 자살에 내몰린 사람 등의 인생 만상이 그려져 있다.

진의 과음이 사회 문제가 되자, 1736년에 의회는 술주정뱅이를 줄일 목적으로 진에 대한 세금을 한 번에 4배로 인상하고, 일정한 매출 실적이 있는 술집(연간 50파운드 세금을 내는 공중 술집)에만 진 판매권을 준다는 법률을 제정했다. 진으로 인한 과음을 방지하고 무면허 공중 술집을 단속한다는 목적이었다.

그러자 "가난한 사람이 진을 즐길 수 없게 된다", "악법이다" 등의 구호를 외치며, 불만에 싸인 하층 민중이 삽시간에 폭도로 변하여 증류소를 공격하였다. 약탈과 파괴가 낭자하는 난폭한 행위가 도를 넘어 자행되었다. 그로부터 15년 후인 1751년에 사람들의 강력한 저항에 부딪힌 법률은 폐지되었지만, 장기간에 걸친 단속에 폭동이 더해져 조악한 진을 제조하던 소규모 증류소는 도태되고 말았다.

설탕을 첨가한 런던의 진

산업혁명이 한창이던 19세기 초반, 연속식 증류기가 출현하였다. 보리, 옥수수 등의 곡류를 대량으로 발효, 증류시켜 순도가 높은 알코올을 만든 후, 물을 섞어 주니퍼 베리, 고수풀, 시즈, 시나몬 등으로 향을 첨가한 저렴한 진이 양산되었다. 이 진은 증류 과정에서 불순물을 제거한 후에 허브로 맛과 향을 가미한 단순한 술이었으나, 깔끔한 첫 맛이 좋아 환영받았다. 이후 런던 진(London gin), 드라이 진(Dry gin), 브리티시 진(British gin) 등으로 불리며 네덜란드식의 무거운 맛을 지닌 진을 압도하였다.

런던 진은 '올드 톰 진(Old Tom gin)'이라고도 불리는데, 이는 18세기의 진 판매자 브래드스트리트가 재치 있는 아이디어로 가게 쇼윈도에 장식된 나무 인형 톰 캣(수고양이)의 입에 손님이 돈을 넣으면 발모양의 파이프에서 진이 나오도록 하는 장치를 만들어 인기를 끈 데에서 유래한다. 지금으로 말하면 일종의 자동판매기였다. 이 진은 설탕이 대중화된 시대의 풍조를 반영하여 1~2%의 설탕을 넣어 단맛을 냈는데, 사람들은 물론 이 새로운 술에 열광했다.

진의 과도한 음주 사태가 일단락된 1830년, 진에 비터스(Bitters, 쓴약을 배합한 술)를 넣어 마시는 새로운 방법이 고안되었다. 이후 진에 베르무트(Vermouth, 백포도주에 약재를 가미한 혼성주)를 첨가한 마티니(Martini) 같은 칵테일이 속속 만들어지면서 싸구려 술이었던 진의 이미지가 바뀌었다. 진의 제3의 생이 시작된 것이다. 칵테일은 1920년대 금주법 아래에 있던 미국에서 사람들의 눈을 속이며 술을 마실 때 주로 사용되었다. 무색인 데다 다른 음료와 궁합이 잘 맞는 진은 칵테일의 기본이 되기에 적합했다. 진은 이렇게 미국에서 새로운 생을 찾았다. "진은 네덜란드인이 만들고, 영국인이 발전시켰으며, 미국인이 영광을 돌렸다"라는 말이 괜히 있는 것이 아니다.

5

독립전쟁과 버번위스키

위스키가 민중 봉기를 일으키다

미국은 서부 개척을 급속도로 진행하며 명실상부한 대륙 국가가 되었다. 미국의 '명백한 운명(Manifest Destiny)'은 자랑스러운 프런티어 (Frontier) 정신의 표출이면서, 동시에 원주민으로부터 서부의 광활한 토지를 빼앗고 폭력적으로 억압한 야만성을 뜻한다. 미국 문명이 지닌 양면성이다.

대자연에 도전하는 개척자는 한 손에는 자신을 보호할 라이플총을 들고, 다른 한 손에는 개척에 사용할 손도끼와 옥수수 씨가 담긴 부대를 들었다. 옥수수는 어떤 거친 땅에서도 뿌리를 내리는 생명력이 강한 식물로, 개척에 없어서는 안 되었다. 한편 개척자에게 잠깐의 휴식을 허락하는 건 말할 것도 없이 술이었다. 그래도 옥수수로 만드는 위스키 '버번(Bourbon)'이 처음 모습을 드러내기까지는 아마도 꽤 시간이 걸렸을 것이다. 아일랜드와 스코틀랜드에서 온 이민자들이 처음에는 유럽의 전통적인 술 문화에 따라 호밀과 보리로 위스키를 만들었기 때문이다. 곡물이 남아돌았기 때문에 펜실베이니아를 중심으로 한 위스키 생산은 활기를 띠었다.

그때 독립전쟁이 일어난다. 영국은 미국 식민지에 공장을 짓지 않았고, 못 한 개조차 본국에서 수입할 수밖에 없는 시스템을 구축한 터였다. 그 때문에 미국 민병대는 무기와 탄약이 극도로 부족했으며, 미국은 당시 영국과 대립하던 프랑스 부르봉 왕조의 원조를 받아 독립을 이루게 되었다.

독립 이후인 1794년에는 미국 최초의 민중 반란이 일어났다. 이른바 '위스키의 반란(The Whiskey Rebellion)'이다. 독립전쟁을 치르며 막대한 지출을 한 정부는 전쟁 후에 경제를 개건하고자, 1791년에 위스키에 대한 과세를 단행했다. 당밀 등의 수입 원료로 만든 국산 스피릿(Spirit)에는 1갤런당 10%에서 30%, 국산 원료로 만든 스피릿에는 9%에서 25%를 과세하기로 한 것이다.

이 조치로 큰 타격을 받은 곳이 펜실베이니아주의 5,000개가 넘는 영세한 양조 농가였다. 펜실베이니아주 서부의 곡물 농가 대부분은 위스키를 만들어 농가의 유일한 현금 수입원으로 삼았는데, 위스키에 대한 과세는 가계에 심각한 타격이 아닐 수 없었다. 농민들은 분노했다. 영국 본국이 식민지에 일방적으로 부과한 세금에 반발하

펜실베이니아주 서부에서 일어난 위스키 반란을 진압하기 위해 행진하기 전, 메릴랜드주 포트 컴벌랜드 근처에 있는 조지 워싱턴과 그의 군대

여 독립전쟁을 일으켰는데, 그와 똑같은 일이 미국 정부에 의해 반복된 것이다. 연방 정부의 공무원이 살해되거나 주의 세금 사찰관 집이 불타는 등 농민들이 일으킨 대혼란이 연일 계속되었다.

재선된 초대 대통령 조지 워싱턴(George Washington, 재임 1789~1797)은 민병대의 투입을 결단하고, 많은 농민을 체포하여 봉기를 수습했다. 그러나 체포된 농민 대부분은 증거 불충분으로 후에 석방되었고, 반역죄가 선고된 두 명도 대통령에 의해 사면되었다. 정부는 농민을 자극하고 싶지 않았다. 반란이 진정된 후 위스키세를 부당하다고 생각하던 사람들은 켄터키, 테네시 등으로 이주했다. 위스키에 대한 과세는 철회되었고, 남북전쟁이 발발하기 전까지 과세되지 않았다. 초

대 대통령 조지 워싱턴과 제3대 대통령인 토마스 제퍼슨도 원래 위
스키 증류업자였다고 한다.

미국인은 좋아한 부르봉 왕조

1789년은 프랑스혁명이 발발한 해이자, 미국에서는 합중국 헌법
이 발효되어 조지 워싱턴이 초대 대통령으로 취임한 해이기도 하다.
옥수수 술 버번의 역사 역시 1789년에 시작되었다. 프랑스혁명이
발발한 그해에 아이러니하게도 부르봉 왕가의 이름을 단 술 버번이
자유의 나라 미국에서 탄생한 것이다.

1789년, 아직은 주가 아니었던 켄터키의 버번 카운티에 살던 엘
리자 크레이그(Elijah Craig) 목사가 식민지에서 생명의 식물로 추앙되
던 옥수수를 주원료로 하는 증류주를 만들었다. 계기는 우연의 산물
이었다. 어느 날, 안쪽이 불에 그슬린 술통이 손에 들어와 위스키를
넣어 저장했는데, 생각지도 않게 독특한 붉은색을 띠면서 불에 탄 향
이 가미된 맛좋은 위스키가 만들어진 것이다. 말로 형언할 수 없을
정도로 밸런스가 좋은 술이었다. 이 발견 이후 위스키를 불에 그슬린
술통에서 숙성시키는 제조법이 미국에서 확산되었고, 붉은색과 탄
맛이 특색인 '버번위스키(Bourbon whiskey)'가 널리 알려지게 되었다.
크레이그는 '버번의 아버지'로 이름을 남겼다.

한편 오하이오강 남쪽에 있는 켄터키 지방을 처음으로 탐험한 유

럽인은 프랑스의 르네 로베르 카발리에 드 라살로, 1669년의 일이었다. 라살은 1683년, 루이 14세의 이름을 딴 '루이지애나(Louisiana)'라는 지명을 지은 것으로도 잘 알려져 있다. 1774년에는 제임스해로드를 중심으로 한 개척자들이 켄터키 남서부에 해러즈버그(Harrodsburg)를 건설하며 본격적인 개척의 시작을 알렸다. 켄터키라는 지명은 체로키어로 목초지를 뜻하는데, 여기에서 알 수 있듯이 당시에는 이 일대 전체가 초원 지대였다. 버번이 만들어지기 시작한 때는 켄터키 개척이 본격적으로 시작된 지 불과 15년 후의 일이다. 버번은 거친 프런티어 정신이 탄생시킨 위스키이기도 했다.

버번(Bourbon)이라는 브랜드명은 지명에서 온 것인데, 그 유래는 말할 것도 없이 미국 독립전쟁을 지원했던 프랑스의 부르봉(Bourbon) 왕가이다. 이 술이 탄생할 무렵은 독립전쟁에서 식민지를 지원한 부르봉 왕가가 큰 인기를 끌고 있었고, 프랑스풍의 지명을 개척지에 붙이는 것이 유행이었다. 버번이라는 지명 역시 1785년에, 요크타운(Yorktown) 전투에서 워싱턴이 이끈 미국군을 도운 프랑스의 로샹보(Rochambeau) 장군에 대한 감사와 루이 16세에게 경의를 표하기 위해 제퍼슨의 제안으로 붙여진 것이다.

지금에 와선 생각하면 프랑스혁명이 발발한 해에, 민중에 의해 타도 대상이 된 왕가의 이름을 단 위스키가 미국 서부에서 탄생하고 합중국의 국민 술로 성장하는 모습이 그야말로 기묘하다. 하지만 이는 미국 독립전쟁과 프랑스혁명을 시민혁명으로 한데 묶어 평가하는 현대적 관점에 따른 것일 뿐, 당시 사람들의 생각은 달랐다. 참고로 버번위스키는 버번 카운티가 속한 켄터키주의 이름을 따 '켄터키 위스키'라고도 부른다.

켄터키인가 테네시인가

버번의 제조법은 미합중국의 술 제조법에 엄밀히 규정되어 있다. 이에 따르면 버번은 ① 원료의 51% 이상이 옥수수일 것, ② 섭씨 80도 이하에서 증류시킬 것, ③ 저장조에서 꺼낼 때 40도 이상, 62.5도 이하의 알코올 도수를 유지할 것, ④ 내부를 불로 그슬린 화이트 오크통에서 2년 이상 숙성시킬 것, ⑤ 섭씨 40도 이상에서 병에 넣을 것 등, 다섯 가지의 조건이 필요하다.

1835년에 영국에서 켄터키주로 이주한 제임스 크로는 뛰어난 증류 기술을 구사하여 화이트 오크통에서 숙성시킨 '스트레이트 버번 위스키'라는 명품을 만들어 버번이 미국의 국민 위스키로 자리매김하는 데 공헌했다. 그의 이름을 딴 '올드 크로(Old Crow)'는 현재도 버번의 명품으로 평가받고 있다. 1855년에는 식료품상이었던 오스틴 니콜스가 더 이상의 버번은 없다고 자부하며 현재도 최고로 인정받는 '와일드 터키(Wild Turkey)'를 세상에 선보였다.

우리에게 익숙한 버번 '잭 다니엘(Jack Daniel's)'은 미국에서는 '테네시 위스키'라고 불리며 별도의 취급을 받고 있다. 1866년 약관 열

다섯 살의 잭 다니엘은 테네시주 린치버그(Lynchburg)에 작은 증류소를 만들었다. 그는 열여덟 살에 사워 매시(Sour mash, 위스키 증류에 쓰이는 산성 맥아즙)를 사용한 버번을 고안해냈다. 그가 만든 잭 다니엘은 오늘날 버번의 대표 주자로 세계 각지로 수출되고 있다.

19세기 후반에 버번은 애국심을 자극하는 인상적인 광고로 미국의 국민 술이란 지위를 차지했다. 광고에 사용한 문구는 "프랑스인에게는 브랜디, 네덜란드인에게는 진, 아일랜드인에게는 위스키, 영국인에게는 흑맥주가 있는데, 왜 미국에는 국민적인 술이 없는가?"라는 캐치프레이즈였다. 역시 마케팅의 나라, 미국이라고 할 수 있다.

6

프랑스혁명에 색채를 가미한 와인

와인은 신, 나는 불쌍한 남자

일반적으로는 1789년 7월 14일, 파리 시민에 의한 바스티유 감옥 습격이 프랑스혁명의 발단이 되었다고 한다. 그러나 저명한 와인 평론가 휴 존슨은 바스티유 습격 3일 전에 와인 밀수업자 등이 이끌던 민중이 파리 주변에 위치하는 관세문 중 하나를 불태운 사건을 중시하고 있다. 여기에 자극을 받아 다음 날과 그다음 날도 관세문 습격이 잇따랐고, 그 연장선상에서 바스티유 습격이 있었다고 한다.

파리시는 400년 전부터 입구에 다수의 관세문을 설치하여, 특정 물품이 파리로 들어올 때마다 입시세(入市稅)라는 세금을 부과했다. 특히 와인의 세율이 높아, 파리 시내의 와인 가격은 주변 농촌보다 3

배나 비쌌다. 그러나 비과세 특권을 지닌 귀족들은 저렴한 와인을 거리낌 없이 시내로 가지고 들어왔다. 때마침 흉작으로 먹는 것도, 와인을 마시는 것도 녹록치 않았던 파리 민중이 부당한 세금을 부가하는 관세문에 분노의 눈길을 돌린 것은 당연했다.

1791년이 되자 파리로 들어오는 와인에 대한 관세가 폐지되어, 와인은 규제를 받지 않고 상품으로서 자유롭게 유통될 수 있었다. 그러나 입시세는 중요한 수입원이었기 때문에 얼마 지나지 않아 와인 관세가 부활하였으며, 1882년에는 세율을 절반으로 낮추기는 했으나 1897년에 철폐될 때까지 계속 부과되었다.

소심하고 정치에 서툴렀던 국왕 루이 16세는 보수파 귀족의 부추김 속에 혁명에 대한 적대심을 꺾지 않았고, 결국 1793년에 '국민에 대한 적대 죄'를 명분으로 단두대에서 공개 처형되기에 이르렀다. 처형 전야에 루이 16세는 다음과 같은 편지를 썼다고 전해진다.

"베르사유에서 나는 터무니없는 사치스러운 생활을 했다. 그러나 오늘 신이시여, 나는 당신을 찬송한다. 나는 고대의 현명한 왕들과 같이 소성당 안에 있는 소박한 내 방에서 한 잔의 와인을 앞에 두고 나의 치세를 끝낸다. 나는 사제와 함께 있고, 그는 지금 신과 포도 열매의 결함에 대비하여 와인과 물을 섞었다. 와인은 신이고, 신은 와인, 즉 나의 적들과 정반대의 존재다. (…) 나는 이미 왕이 아니고, 새싹이 없는 포도와 같이 나 자신과 아

루이 16세의 처형

이들로부터 떨어져 나간 불쌍한 남자에 지나지 않는다."(휴 존슨,

『와인 이야기』)

혁명을 주도한 보르도 상인

프랑스혁명을 주도했던 부유한 시민 중에서도, 보르도의 와인 상인들(네고시앙, Negociant)은 대단한 세력이었다. 보르도 와인은 백포도주를 2년에서 4년, 적포도주를 5년에서 10년 동안 숙성시켜 완성되는데, 자금에 여유가 있는 와인 상인이어야 포도와 와인을 사들여 제품화하고 영국으로 수출하는 것이 가능했다. 참고로 세계를 대표하

는 적포도주의 약 절반이 이 지역에서 나는 포도로 만들어진다.

그들은 샤토(Château, 영주의 저택을 뜻하는 말로, 보르도 지방에서 와인을 제조하는 와이너리에 붙는 명칭)의 소유자인 귀족과 투합해야 했기 때문에 '자코뱅(Jacobins) 클럽'이라는 공화당 우파의 중심이 되었다. 와인 상인들은 귀족을 배제하지 않았고, 온건한 개혁을 목표로 삼게 되었다. 자코뱅 클럽 내의 온건 개혁파를 '지롱드(Girondins)'라고 부른 것은 보르도가 속한 지롱드주 출신이 다수를 차지했기 때문이다. 이것만 봐도 와인 상인의 정치력을 이해할 수 있다.

지역 와인을 선적하는 보르도항은 가론강에 면해 있다. 가론강은 도르도뉴강과 합류하여 지롱드강이 되는데, 보르도에서 지롱드강 하구까지 이어지는 폭 10km, 길이 80km에 달하는 지역의 왼쪽 연안을 메독(Medoc) 지구라고 한다. 이곳의 끝없이 이어지는 포도밭은 지역 와인 생산의 중심이다. 지롱드주에 부유한 와인 상인이 많은 것은 당연한 결과였다.

지롱드당은 입법 의회의 주도권을 쥐었고, 그들은 주도권을 강화하기 위하여 오스트리아에 선전포고를 했다. 그러나 전세는 고전을 면치 못했고, 마침내 의용군의 참전을 호소할 수밖에 없었다. 서민 대중의 참전으로 혁명은 첨예하게 대립하는 쪽으로 방향을 틀었고, 제2의 바스티유라고 불리는 8월 10일 사건이 일어난 결과, 왕권은 정지되었다. 국왕 루이 16세는 망명 귀족과 통모한 사실이 밝혀져 처형되었고, 공화파의 좌파는 공포 정치로 혁명을 과격한 방향으로 끌고 갔다. 이때 보르도의 와인 상인 200명이 체포되었고, 이 가운데 18명이 처형되었다. 여기에 더해 나폴레옹 1세가 발표한 대륙 봉쇄령은 보르도의 와인 업자에게 또 한 번 타격을 가했다. 영국과 대륙에 속한 여러 나라와의 무역을 일절 금지하는 이 칙령은 영국으로 향하는 와인 수출에 의존했던 보르도에 치명상을 입혔다.

6장

거대한 인공 공간을
채운 술

술집들이 도시의 밤을 채색해갔다. 에디슨이 백열전구를 발명하고, 낮과 같이 밝은 기나긴 밤 시간이 생기게 된 것도 술집의 급격한 증가와 깊은 연관이 있다. 인류는 제2의 낮을 탄생시켰고, 술에 대한 폭발적인 수요를 새롭게 창출하였다.

1

~

밤거리를 물들이는 바

여인숙에서 시작된 술집

산업혁명 이후 도시는 '생산의 장'이 되어 인구와 규모가 커졌고, 철도와 증기선에서부터 20세기의 자동차, 항공기에 이르는 교통수단의 발달은 사람들을 대량으로 이동하게 하였다. 술집들이 도시의 밤을 채색해갔다. 에디슨이 백열전구를 발명하고, 낮과 같이 밝은 기나긴 밤 시간이 생기게 된 것도 술집의 급격한 증가와 깊은 연관이 있다. 인류는 제2의 낮을 탄생시켰고, 술에 대한 폭발적인 수요를 새롭게 창출하였다.

술집의 기원은 숙박 시설에 있다. 카이사르(기원전 100~기원전 44)가 갈리아를 공격했을 때 로마군이 전진하는 방향으로 긴 병참선이 생기면서, 전선에 물자를 보급하기 위한 보급 기지와 숙박 시설이 필요

해졌다. 그래서 만들어진 것이 '인(Inn, 비와 이슬을 피할 수 있는 장소라는 뜻)'
이다.

이윽고 인 주변에 사람들이 모여 살게 되었다. 술집은 원래 그러
한 숙박 시설의 일부에 지나지 않았다. 제대로 된 술집은 4세기 이후
에나 모습을 드러냈다. 당시 술집은 군대 주둔지를 의미하는 게르만
의 옛 언어 '헤르베르게(Herberge)'에서 파생된 '오베르지(Auberge)' 또
는 '태번(Tavern, 선술집의 의미)'이라고 불렸다. 시간이 경과되어 인은 호
텔로, 태번은 레스토랑으로 모습을 바꿨다.

도시가 발달하기 시작한 13세기경이 되자 음식 전문 선술집이 분
리되었는데, 이것은 네덜란드어로 방을 뜻하는 '카브레트(Cabret)'에
서 유래한 '카바레(Cabaret)'라고 불리며 각지의 지역 와인을 제공했
다. 영국에서는 맥주를 마실 수 있는 '에일 하우스(Ale house)'가 등장
하여 15세기 후반에 전성기를 맞았다. 그 계보를 잇는 곳이 19세기
이후의 '퍼블릭 하우스(Public House)'라는 선술집, 약자로 '펍(Pub)'이
다. 펍은 마을의 커뮤니티 센터이기도 했다.

펍에서는 전통적인 맥주인 에일(Ale)과 스타우트(Stout)를 마실 수
있고, 간단한 식사도 가능하다. 현재 영국에는 약 7만 개 이상의 펍
이 있고, 그중에는 16세기부터 지금까지 영업하고 있는 유서 깊은
곳도 있다. 그러나 오늘날 펍의 60% 이상은 맥주 회사가 경영한다
고도 알려져 있다. 프랑스에서는 선술집을 '카바레' 혹은 '타베르뉴
(Taverne)'라고 한다.

17세기에 오스만 제국으로부터 새로운 음료, 커피가 들어오자 순식간에 유럽으로 퍼져 카바레에서도 커피를 제공하게 되었다. 시간이 지남에 따라 두 분야는 나뉘어, 카바레는 주류를 중심으로 취급하는 가게, 카페(Café)는 커피를 중심으로 취급하는 가게로 분리되었다.

산업혁명 후에 도시의 규모가 급격히 확대되자 쇼를 즐길 수 있는 대규모 홀이 출현하여 카바레라고 불리게 되었다. 호화로운 쇼로 유명한 물랭루주(Moulin Rouge)가 대표적이다. 카페도 커피와 함께 주류를 취급할 수 있게 되어 결국 지역 사람들을 위한 술집으로 변모했다.

미국 서부가 기원인 바

급속한 서부 개발을 통해 대륙 국가로 성장한 미국에서는 서부 개척의 전선에 '살롱(salon, 프랑스어로 고객이 휴식할 수 있는 장소를 의미)'이 사투리가 된 '살룬(saloon)'이라는 음식점이 확산되었다. 살롱은 이탈리아어 '살로네(salone)'에서 유래했는데, 원래는 프랑스의 건축 용어로 개인 저택 안에 있는 손님 접대용 방을 의미했다.

당시 서부의 음식점에서는 나무 술통에 넣은 위스키를 글라스에 담아 판매하고 있었다. 그러나 취객이 주인의 눈을 속여 마음대로 술통에서 술을 꺼내 마시는 경우가 종종 일어났기 때문에, 업자는 튼튼한 가로 봉(바, bar)을 설치하여 건너편에 있는 손님이 술통에 접근하지 못하도록 했다. 경계가 된 봉은 이윽고 가로 판으로 바뀌어 대면

식 술집으로 변했다. 이것이 '바(bar, 술집)'이다. 현재 바의 카운터 아래에 발을 올려놓는 봉이 예전 바의 변형이라는 설도 있다.

1830년대가 되자 바와 '텐더(tender, 감시자, 심부름꾼)'가 한 단어가 되어 바텐더라는 말이 생겼다. 술통을 지켜보는 경호원이 필요했기 때문인데, 19세기 후반이 되면 바텐더를 술집을 관리하는 사람으로 인식하였다. 이름도 '바맨(barman)', '바키퍼(barkeeper)' 등으로 바뀌었다.

바텐더란?

19세기에 세계 각지에서 철도망 건설이 활발해지자 철도역 가까운 곳에 여행자의 편의를 해결하기 위한 호화 호텔이 세워지게 되었다. 뉴욕의 옛 월도프 아스토리아 호텔(Waldorf Astoria Hotel)은 이 시대의 일류 호텔이었다. 20세기에 들어서자 대도시에 단기 체류형 호텔도 출현했다. 1908년에 개업한 뉴욕주 버펄로(Buffalo)의 쉐라톤 호텔(Sheraton Hotel)이 그 예이다. 제1차 세계대전 후, 대중 소비 사회에 돌입하자 호텔 건설도 급속히 속도를 내었고, 전 세계적으로 음주 장소가 증가했다.

호텔의 바가 늘고 칵테일을 대규모로 만드는 칵테일의 전성시대도 열렸다. 바텐더는 카운터 안에서 칵테일을 만들고, 풍부한 알코올 음료에 대한 지식으로 고객과 대화하며 서비스를 하는 술 전문가가 되었다. 소믈리에(Sommelier)가 다양한 와인에 정통한 전문가라면, 바텐더는 각종 술 종류와 맛에 정통하여 여러 종류의 칵테일을 고객의 기호에 맞춰 밸런스 있게 만들 수 있는 전문가이다. 바텐더에게는 폭 넓은 지식을 보유하고 고객을 접대하는 능력이 요구되었다.

2

술 세계의 산업혁명

신흥 도시가 요구한 술의 대량 생산

'도시의 폭발' 현상이 유럽으로 퍼지고, 술 수요가 증가하자 진과 위스키의 증산이 시작되었다. 산업혁명기인 1823년, 스코틀랜드 북부 하이랜드(Highland) 출신의 상원의원 알렉산더 고든의 제안으로 소규모 양조소에는 낮은 세금을 매기도록 하는 법률이 제정되어 밀조 위스키 시대는 종식을 고했다. 그때까지 스코틀랜드 하이랜드 지방에서는 세금 회피를 위해 밀조 위스키가 만들어졌으나, 이제 그 양은 한정되게 되었다.

1826년이 되자 로버트 스타인이 연속식 증류기를 발명하여 단기간에 대량의 위스키를 증류할 수 있는 방법을 고안해냈다. 1831년, 아일랜드에 파견된 주세 감시관 이니어스 코페이(Aeneas Coffey)

이니어스 코페이
(Aeneas Coffey)

는 이를 개량하여 연속식 증류기의 효율을 높였다. 그가 특허권(patent)을 얻었기 때문에, 이 증류기는 '페이턴트 스틸(patent still)'이라고도 불렀다. 글래스고를 중심으로 하는 스코틀랜드 남부의 로우랜드(Lowlands)에서는 페이턴트 스틸을 사용하여 저렴한 위스키를 대량으로 증류하게 되었다.

기존의 증류법은 발효한 용액을 증류기에 넣고 열을 가해 끓여서 알코올 성분을 추출한 단계에서 증류가 끝났다. 그렇기 때문에 묵은 순액을 추출하여 새로운 순액을 넣고 다시 가열해야만 했다. 코페이의 증류기는 정류 장치가 추가되어 있어 순서대로 발효된 원료 용액을 반복적으로 추가하며 증류를 이어가면서 불순물을 제거하고, 고농도의 알코올을 대량으로 만들어낼 수 있었다. 증류 과정이 기계화되자 대량의 증류주 제조가 가능해졌다.

후각으로 혼합한 위스키

저렴한 옥수수를 원료로 사용하여 연속 증류기로 만드는 그레인 위스키(Grain Whisky)는 옥수수를 삶아 끓인 후에 약 20%의 맥아를 넣어 당화, 여과, 발효시킨 후 연속 증류기를 사용하여 순도 95% 정도의 무색 알코올을 추출해낸다. 연속 증류기는 원래 대중 술인 진의 증류용으로 개발되어 증류 성분별로 끓는점을 구분하여, 섞었다는 느낌이 나지 않도록 알코올 성분을 선택할 수 있는 증류 기계였다. 연속 증류기를 사용하면 무색, 무취의 싱거운 알코올을 대량으로 추출할 수 있다. 이렇게 증류한 위스키가 그레인위스키이다.

그레인위스키는 대량 생산되기 때문에 매우 저렴했는데, 이탄(Peat)으로 훈증을 하지 않기 때문에 맛의 깊이가 얕고 향도 거의 없다는 약점을 가지고 있다. 이와는 대조적으로 전통적인 방법으로 만들어 술통에서 숙성시킨 몰트위스키(Malt whisky)는 생산량은 적었지만 강렬한 개성과 깊은 맛이 있었다.

당연히 두 위스키를 섞으면 좋은 위스키가 될 것이라는 아이디어가 생겼다. 이를 구체화한 사람이 앤드루 어셔(Andrew Usher)이다. 1860년경부터 생산량은 적었지만 독특한 풍미를 가진 몰트위스키와, 대량으로 생산된 무미, 무취의 그레인위스키의 블렌드(blend)가 활발히 이루어졌다. 복수의 소규모 양조소에서 증류된 몰트위스키를 대량의 그레인위스키와 혼합해 병에 담은 술을 '배티드 몰트(vatted-malt)'라고 한다. 큰 술통에서 섞은 위스키라는 의미이다.

대체로 15종류에서 40종류의 몰트위스키와 3종류에서 4종류의 그레인위스키가 미묘하게 조합되었다. 후각이 뛰어난 장인이 일정한 맛을 내고, 향의 변화 없이 독특한 풍미를 지속해서 유지하도록 했다. 예민한 후각을 통해 위스키의 품질을 유지했다는 점에서 코가 위스키의 품격을 지켰다고도 말할 수 있다. 이것이 우리에게 지극히 익숙한, 시중에서 판매하는 위스키이다.

1877년 과도한 경쟁을 방지하기 위해 여섯 개의 위스키 회사가 협력하여 영국 증류자 협회(D.C.L)를 발족하고, 협회는 스코틀랜드에 산재해 있는 소규모 몰트위스키 회사를 매수하여 배티드 위스키 생산을 독점하는 기반을 구축했다. 1989년에 이 협회는 기네스북으로 유명한 기네스사에 흡수되었다. 그러나 그레인위스키와 혼합해 대량으로 생산되어 상품화된 위스키를 기존의 몰트위스키와 마찬가지로 '스카치'라고 불러도 될까를 놓고 논쟁이 일었는데, 이 논쟁은 20세기 초반까지도 계속되었다.

스카치를 유명하게 만든 진딧물 필록세라

1960년대 이후 프랑스에서 필록세라(Phylloxera, 포도나무 뿌리 진딧물)가 크게 유행하여 유럽의 포도밭이 괴멸 상태에 빠졌다. 당연한 이야기로 와인과 코냑 가격이 폭등했다. 이때 유럽의 술 문화는 일대 전환기를 맞이했는데, 영국인이 스카치위스키를 마시게 된 계기도 이 때문이다. 영국 전역에 위스키가 침투한 때는 바로 최근의 일이었던 것이다.

1908년에는 왕립 위원회가 '위스키란 맥아의 디아스타아제(Diastase)를 사용하여 당화시킨 곡물 순액에서 증류를 통해 얻은 스피릿(Spirit)이고, 스카치(Scotch)는 스코틀랜드에서 증류한 위스키'라는 판단을 내렸다. 격렬한 논쟁 끝에 몰트위스키와 그레인위스키 블렌딩이 스카치로 인정받게 된 때는 1925년의 일이다. 이후 위스키 업자는 수십 가지의 몰트위스키와 대량 생산된 값싼 그레인위스키를 독자적인 비율로 혼합시켜 맛을 겨루게 되었다. 그러나 블렌드하는 몰트위스키와 그레인위스키가 스코틀랜드에서 증류된 것이 아니라면 스카치로 인정받지 못한다.

몰트위스키는 스코틀랜드 북부 하이랜드에서, 블렌드용 그레인위스키는 스코틀랜드 남부 로우랜드의 에든버러와 글래스고를 연결하는 지역에서 생산되었다. 그러나 '배티드 위스키'는 어디까지나 인공적으로 맛과 향을 조합시킨 공업 제품이므로 자연스런 풍미는 잃어버리게 되었다.

1960년대가 되자, 글렌피딕(Glenfiddich, 사슴 협곡이란 의미)에서 증류된 몰트위스키를 고급 '싱글몰트 위스키(Single Malt Whisky)'로 판매하기 시작하였다. 한스 슐레거가 디자인한 새로운 삼각형 모양의 병은 글렌피딕의 상징이 되었다. 전통적인 스카치의 맛을 부활시킨 이 술은 위스키 본래의 모습을 되찾게 하였다.

싱글몰트 위스키로서 더 높은 평가를 받은 것이 스코틀랜드 북부의 산간부에서 증류된 '더 글렌 리벳(The Glen Livet)'이다. 최근에는 자사가 제조한 술통을 스페인에 무상으로 대여하여 향기롭고 진한 셰리주 '올로로소(Oloroso)'를 숙성하는 데 2년 동안 사용한 후, 그 술통을 다시 들여와 위스키 숙성용으로 사용한 '더 맥켈란(The Macallan)'이 좋은 평판을 얻고 있다. 셰리주를 담근 빈 술통을 수입해 위스키 숙성에 사용한다는 생각을 고안한 사람은 제임스 스토다트라는 인물인데, 1835년에 그가 창설한 스토다트사는 '올드 스머글러(Old Smuggler, 밀조자)'라는, 스카치의 역사를 이야기하는 듯한 이름의 블렌디드 스카치를 선보이기도 했다. 일반적으로 '몰트위스키'는 버번의 빈 술통(버번은 새 술통만 사용한다)을 사용하여 숙성하는 경우가 많았던 것 같다.

3

챔피언이 된 라거 맥주

잡균을 없애는 방법

술 대중화의 선두에 선 술은 전통의 맥주였다. 맥주가 어떻게 상품성을 높이고 대량 생산을 할 수 있게 되었는가를 알아보기 위해 산업혁명 시대로 거슬러 올라가 보면 다음과 같다. 설탕과 같은 환대서양 경제권 상품과, 후추와 같은 아시아의 특산품은 모두 벨기에 플랑드르 지방의 항구 도시 안트베르펜(Antwerpen, 영어로 앤트워프)에 모인 뒤, 이곳으로부터 유럽 각지로 팔려나갔다. 1531년에는 안트베르펜에 세계 최초의 상품 거래소가 만들어졌다. 미국과 아시아로 향하는 항로 개발로 급성장한 해군 국가는 스페인과 포르투갈이었지만, 이들 나라는 유럽 각지를 연결하는 치밀한 상업 네트워크를 가지고 있지 못했기 때문에, 플랑드르 지방의 번영이 이어질 수 있었다.

플랑드르 상인에게 있어 맥아를 달인 물을 발효한 맥주 '에일(Ale)'
은 대량으로 팔리는 효자 상품이었다. 그러나 에일은 알코올 도수가
낮아 저장할 수 없다는 큰 약점이 있었다. 부패를 억제하지 않으면
상품으로 만들기 어려웠다. 빈틈이 없던 플랑드르 상인은 살균 효과
가 있는 홉을 사용한 독일 맥주로 눈을 돌렸다. 홉이 들어간 맥주라
면 상품이 손상될 비율이 낮아 수익이 높아질 수밖에 없었다.

유럽 대륙의 내부에 위치한 뮌헨은 겨울과 여름의 온도 차가 커
서, 겨울에 양조한 맥주가 여름이 되면 미생물이 번식하여 썩는 일이
종종 있었다. 뮌헨의 맥주업자는 이를 막기 위해 맥주 술통을 지하에
내려 겨울에 강물이 언 얼음을 넣어 차게 보관했다. 이렇게 일정 기
간 저온으로 숙성한 맥주를 '저장한 맥주'라는 뜻의 '라거 맥주(Lager
Beer)'라고 불렀다.

플랑드르 상인은 영리하게도 홉을 넣어 장기간 저장이 가능한 맥
주를 대대적으로 광고하였고, 큰 이익을 낼 수 있었다. 네덜란드인은
이러한 맥주를 '쇼펜(schopen)'이라고 불렀는데, 여기에서 프랑스어
의 '숍(chope, 맥주컵)'이라는 단어가 생겨났다.

저온 맥주와 상온 맥주의 경쟁

맥주가 부패하는 원인은 잡균의 번식 때문인데, 이를 억제하는 방
법은 두 가지였다. 하나는 발효가 시작되는 단계에서 대량의 효모를

투입하여 잡균이 증식할 여지를 주지 않는 방법, 다른 하나는 잡균이 번식하지 않는 저온에서 맥주를 발효시키는 방법이었다. 낮은 온도에서도 발효가 되는 효모만 찾아낸다면 후자의 기술법이 실용화하는 데 훨씬 용이했다.

저온 발효하는 맥주 효모를 찾기 위해 부단히 애쓴 결과, 드디어 저온에 강한 맥주 효모가 모습을 드러냈다. 앞서 언급한 독일 바이에른 지방의 양조사들은 가을이 끝나갈 무렵 동굴 속에서 얼음과 함께 맥주를 저장하고, 이듬해 봄에 완성된 맥주를 꺼냈다. 이 라거 맥주를 만드는 효모는 발효 마지막 단계에서 침전하는 성질을 가지고 있기 때문에 '하면(下面) 발효 효모'라고 하며, 발효 자체는 '하면 발효'라고 부른다. 그 이전에 일반적으로 이루어지던 '상면(上面) 발효'와 구별하기 위해서이다. 상면 발효는 바닥에 가라앉지 않고 액체 속에 떠다니는 효모의 발효를 가리키며, 이 효모를 사용한 맥주를 '스타우트'라든가 '에일'이라고 불렀다.

카이사르가 침공하기 이전부터 에일을 만들던 영국에서는 1722년, 랄프 하우드라는 사람이 세 종류의 에일을 블렌드한 영양가 높은 '포터(porter, 짐꾼) 맥주'를 발매하여 큰 인기를 끌었다. 이 술은 중노동하는 사람의 원기를 회복시켜주는 맥주로 명성을 떨치며 '노동자의 술'로 인식되었다.

1842년이 되자, 지금까지도 라거 효모 맥주로 유명한 체코 서부의 필스너(Pilsner, 영어로 필젠) 지방에서 양조한 '필스너 우르켈(Pilsner

Urquell, 원조 필스너란 뜻이고 약칭은 필스너)' 맥주가 등장하였다. 양질의 보헤미아산 홉을 활용한 필스너는 부드러운 향이 가득하고, 태양과도 같은 옅은 노란색으로 빛나는 아름다운 맥주였다. 영국의 에일이 하나같이 검은색인 것에 비해 필스너는 보기에도 산뜻한 황금색이니, 사람들의 마음을 사로잡을 수밖에 없었다.

산업혁명이 무르익은 1874년에는 암모니아식 냉동기가 등장하여 저온을 인공적으로 장기간 유지시켜 맥주를 숙성할 수 있게 되었다. 이후 덴마크의 한센이 라거 효모의 순수 배양 기술을 개발하였는데, 지역마다 라거 효모를 양산하며 눈 깜짝할 새에 전 세계로 퍼져나갔다. 이로써 라거 맥주는 세계 맥주계를 제패하고, 에일은 지역 맥주로 전락했다.

에일이란?

라거 효모로 발효하는 맥주는 제조까지 4주에서 6주의 시간이 걸린다. 2주 만에 제조가 끝나는 상면 발효보다 시간은 걸리지만, 품질을 일정하게 유지할 수 있고 차갑게 두면 장기간 저장이 가능하다는 이점이 있다. 상면 발효 맥주로 대표적인 것이 에일이다. 에일 효모는 상온에서 발효하기 때문에 다른 미생물이나 야생 효모 등이 번식되어 맛에 미묘한 변화가 생긴다. 마셔보기 전까지는 맛을 알 수 없는 자연과 밀착된 맥주이다. 이는 장점이면서도, 때로는 불쾌한 맛이나 신맛이 나서 균일하게 맛을 맞추기 어렵다는 문제가 있다. 대량 생산이 가능한 균일한 품질의 '상품'이 되기에는 라거 맥주가 적합했다.

에일 효모를 사용하는 맥주는 복잡하고 다양한 종류가 있다. 영국의 블론드 에일(Blond ale), 홉의 쓴맛이 강한 비터(Bitter), 독일 바이에른 지방 특산품인 헤페바이젠(Hefeweizen), 뒤셀도르프가 본 고장인 알트비어(Altbier), 쾰른에서 만들어지는 부드러운 맛의 쾰슈(Kölsch) 등이 대표적이다.

에일의 효모 발효 온도는 10도를 상회할 정도로 높으므로 차갑게 하지 않고 상온 그대로 마신다. 한때는 라거에 시장을 잠식당한 에일이지만, 최근 20~30년간 대형 맥주 제조사가 만드는 균질화된 맥주에 질린 사람들이 다시 에일 맥주를 찾기 시작했다.

맥주의 양산을 가능하게 한 아이디어

컨베이어 작업으로 맥주를 대량 생산하는 경우에 가장 곤란한 점은, 맥주를 병에 넣은 후 밀봉하여 저온 살균하는 기술을 개발하는 것이었다. 병 포장 기술은 19세기 초반 나폴레옹 시대에 개발되었는데, 기계를 이용해 솜씨 좋게 많은 양의 맥주를 밀봉하는 일은 여전히 어려웠다. 대량 생산의 기술이 보다 진일보한 나라는 미국이었다. 서부라는 거대 시장을 가진 대륙 국가 미국에서는 철도망을 통한 맥주의 장거리 운송이 가능했기 때문에, 장기 저장이 잘되는 맥주를 양

1892년에 특허 취득한
왕관 병뚜껑

산할 수만 있다면 그로부터 나올 이익은 가늠할 수 없을 정도였다. 서민의 국가 미국에서는 무엇보다 쉽게 마실 수 있는 맥주를 좋아하는 분위기도 고무적이었다.

대량 생산을 하려면, 1870년대에 정착된 병을 섭씨 68도에서 72도의 증기로 끓여 살균하는 기술을 효율화해야만 했다. 그런 점에서 1892년에 아일랜드 출신 미국인 윌리엄 페인터가 발명한 '왕관 병뚜껑(Crown Cork)'은 결정적인 한 수가 되었다.

맥주를 병에 담은 후 왕관 병뚜껑으로 밀폐하는 것은 컨베이어 작업으로 가능하였고, 이는 맥주의 대량 생산을 가능하게 했다. 당연한 이야기지만, 병의 크기도 병뚜껑에 맞춰 규격화되었다. 페인터가 특허를 취득했기 때문에, 21개의 주름이 잡힌 병뚜껑은 현재도 전 세계에서 사용되고 있다. 1920년대 미국에 세계에서 가장 빨리 냉장고가 보급된 점도 1930년대 이후 라거 맥주의 폭발적인 수요 증가의 밑바탕이 되었다.

한편 미국의 맥주 생산 중심지는 밀워키(Milwaukee)가 되었다. '물이 가깝게 모이는 곳'이라는 의미의 원주민 언어로부터 지명이 유래한, 위스콘신주 최대의 도시 밀워키는 5대 호수와 세인트로렌스 수로(Saint Lawrence Seaway)를 연결하는 수상 교역의 요소에 위치하고 있다. 독일계 이민이 많았기 때문에 옛날부터 맥주 공장이 세워지고, 수운과 철도를 통해 보다 넓은 지역으로 맥주를 공급했다.

현재 세계 맥주 생산량은 족히 1억 kL가 넘는다. 세계 최대의 맥주 소비국은 미국이며, 2위인 중국보다 1.5배 이상 많다. 그러나 국민 한 사람당 연간 소비량을 보면 전통적으로 맥주 제조가 발달한 유럽이 우세하다. 157L의 체코가 1위이고 아일랜드와 독일, 오스트리아가 그 뒤를 이으며, 연간 100L 이상 소비국은 다섯 국가에 달한다.

4

저온 살균으로
세계적인 상품이 된 와인

와인을 숙지하고 있던 파스퇴르

산업혁명 이후 도시의 유산계급 사이에서 와인의 수요가 급증하였고, 철도는 대량의 술을 수송할 수 있게 되었다. 그러나 수송 중에 와인이 썩어버린다면 본전도 못 찾을 판국이었다. 따라서 와인 상품화의 대전제는 부패 방지였으며, 와인의 부패를 방지하기 위한 살균 기술이 필요해졌다.

그러던 중에 루이 파스퇴르(Louis Pasteur, 1822~1895)가 난제 해결에 성공한다. 파스퇴르는 발효의 메커니즘을 해명함과 동시에 저온 살균 기술을 개발하여 와인의 장기 저장을 가능하게 했다. 마침내 와인의 대량 수송, 대량 생산 시대의 막이 열린 것이다. 파스퇴르의 저온 살균 기술을 이용하면 맛을 떨어뜨리지 않으면서도 부패를 막을 수

미생물을 연구하는 루이 파스퇴르

있었기 때문이다.

파스퇴르는 프랑스의 저명한 와인 산지 부르고뉴의 동쪽, 스위스와 국경을 접하고 있는 쥐라(Jura) 지방 출신이었다. 쥐라 지방의 와인은 프랑수아 1세(재위 1515~1547)와 앙리 4세(재위 1589~1610)의 식탁에 오르며 네덜란드, 스위스, 독일 등지로 수출될 정도의 명품이었다.

그중에서도 명성이 높던 곳이 로제 와인(Rose Wine, 적포도주와 백포도주의 제조법을 절충하여 만드는 분홍색의 와인)의 산지 아르부아(Arbois)였는데, 1822년에 파스퇴르는 그 지역에서 태어났다. 파리 고등사범학교(École Normale Supérieure)에서 화학을 전공한 파스퇴르는 1846년부터 발라드의 조수로 화학 연구에 참여하였으나, 1848년의 2월 혁명이 발발하자 국민군의 병사가 되어 잠시 연구를 중단하였다.

1858년, 그가 서른여섯 살이 되었을 때 대량의 쥐라 와인이 부패하는 일대 사건이 일어나 지역에 막대한 피해가 발생했다. 파스퇴르는 이러한 예측 불가의 사태가 일어나는 이유를 규명하기 위해 미생물 연구를 시작하였다. 1864년 그는 고향 아르부아의 한 카페에 임시 연구실을 마련하고, 친구가 소유한 와인 양조장의 협력을 얻어 현미경으로 관찰을 시작했다. 와인 생산의 중심지였으므로 발효 연구에 필요한 재료는 부족하지 않았다.

와인 전문가의 감으로 찾아낸 55도

1863년이 되었을 때, 프랑스에서 수출한 520만 kL의 와인, 가격으로 환산하면 약 5억 프랑에 해당하는 막대한 양의 와인이 부패하는 사건이 또다시 발생했다. 프랑스를 대표하는 와인 산업을 안정시키려고 한 나폴레옹 3세(재위 1852~1870)는 당시 아직 무명이던 화학자 파스퇴르에게 부패 방지 연구를 의뢰한다. 이후 2년에 걸친 연구 기간을 거쳐, 파스퇴르는 당분이 알코올로 바뀌는 단계에서 알코올 효모의 역할은 끝나기 때문에 와인 부패의 원인은 다른 미생물임에 틀림없다는 가정하에, 술맛을 변하게 하지 않을 2~3개의 화학 약품을 첨가하여 미생물의 활동을 억제시켰다. 그러나 연구는 더 이상 진척되지 못했다.

파스퇴르는 발상을 전환했다. 가열하여 미생물을 죽이는 방법으로 연구 방법을 바꾼 것이다. 그러나 온도를 너무 높이면 와인의 맛과 풍미를 잃게 되므로 정밀한 판단이 요구되었다. 파스퇴르는 와인은 산성인 데다 알코올 농도가 10% 정도로 미생물 입장에서는 그다지 바람직한 생존 환경이 아니므로, 저온에서 미생물의 활동을 억제할 수 있을 것이라고 예측했다.

그렇다면 온도를 몇 도로 설정할 것인가가 문제였다. 와인의 풍미를 떨어뜨리지 않으면서 미생물을 죽이려면 몇 도까지 와인을 데우면 될까? 그야말로 직관적으로 해결해야 할 문제였다. 여기서 오랫동안 와인을 연구해온 파스퇴르의 경험이 빛을 발할 기회가 찾아왔다. 그는 55도로 온도를 설정하여 몇 분간 병 속의 와인을 가열하면 부패가 일어나지 않을 것이라는 결론에 도달했다. 그의 판단은 훌륭하게 적중했다.

1866년에 파스퇴르는 아카데미에 연구 결과를 보고하고, 저온 살균 방법을 공표했다. 그의 살균법은 와인이나 맥주, 우유 등의 장기 저장을 가능하게 했고, 세계의 술 문화 역시 크게 바꾸는 전기가 되었다. 양조주의 장기 저장이 가능해지고 대량 생산의 길이 열린 것이다. 저온 살균 기술은 그의 이름을 따서 '파스퇴르제이션(pasteurization)'이라고 불리게 되었다.

이후 파스퇴르는 저온 살균법을 보급하기 위해 파리의 와인 판매 조합에 살균한 병과 살균하지 않은 병에 든 와인에 대한 비교 연구를 의뢰했고, 그 결과 유효성이 실증되어 파스퇴르제이션은 부동의 사실이 되었다.

철도가 육성한 보르도 와인

프랑스 와인이 전 세계에서 이름을 떨치게 된 배후에는 뛰어난 연출자가 있었다. 파리를 대대적으로 개조하여 '꽃의 도시' 파리를 탄생시킨 것으로도 유명한 나폴레옹 3세이다.

프랑스혁명 당시 파리에서 소비되던 와인은 근교의 일 드 프랑스(Ile de France) 지방에서 생산된 저렴한 와인을 물에 탄 제품이었지, 품질 좋은 부르고뉴 와인이나 보르도 와인이 아니었다. 당시의 와인은 어디까지나 지역 내에서 대부분 소비되던 지역주에 머물렀는데, 그 이유는 운송 수단이 발달하지 못했기 때문이다. 당시는 사람이 탑승하는 마차가 유일한 운송 수단이었다.

1852년에 루이 나폴레옹(후의 나폴레옹 3세)이 정권을 장악하자, 그는 철도 건설, 은행, 주식회사 육성을 통해 프랑스 사회를 완전히 변화시켰다. 1852년에는 파리와 보르도를 연결하는 철도가 개통되었다. 지금까지 프랑스 내륙부와 거의 연결되지 않아 와인을 런던이나 암스테르담 등 해외 시장으로만 수출했던 보르도가, 국내 최대의 와인 소비지인 파리와 철도로 직접 연결된 것이다. 와인 술통을 실은 화물차가 대량의 와인을 줄지어 파리로 운반하기 시작했다.

1855년에 나폴레옹 3세는 국위 선양을 위해 파리 만국 박람회를 개최했다. 이때 나폴레옹 3세는 각국에서 온

나폴레옹 3세의 초상 (1808~1873)

원수와 외교단에게 프랑스가 자랑하는 수출 상품 보르도 와인을 대접해야겠다고 생각하고, 보르도 상공회의소에 와인에 등급을 부여하도록 의뢰했다. 와인의 값어치를 높이려는 의도였다.

상공회의소는 와인 중매인 조합에 이 사업을 위임하고, 당시의 주요 브랜드였던 메독 지방의 적포도주를 1급에서 5급, 소테른 지방의 백포도주를 1급, 2급으로 등급을 매겼다. 나폴레옹 3세는 최고급 와인으로 영국의 빅토리아 여왕을 대접하였고, 고급 와인으로서의 보

르도 와인의 이미지를 국내외에 적극적으로 각인시키게 되었다.

1857년이 되자 여러 개의 철도회사가 합병되어 파리(Paris)-리옹(Lyon)-지중해(Méditerranée)를 잇는 PLM 철도를 발족시켰고, 이에 따라 프랑스 최대의 와인 산지 랑그도크루시용(Languedoc-Roussillon)과 파리가 직접 연결되었다. 파리라는 거대 시장을 향해 대량의 저렴한 와인이 유입되기 시작했다. 또한 이러한 변화는 와인 제조를 전문으로 하는 농가의 수를 단숨에 증가시키는 결과를 낳았다.

1860년에는 영국과 자유무역을 기본으로 하는 관세 협정을 맺었고, 영국으로 향하는 보르도 와인의 수출에 탄력이 붙었다. 보르도 와인은 때마침 대도시의 출현, 도시 부유층의 비약적 증가라는 현상에 편승하여 세계적인 브랜드로 거듭났고, 프랑스 와인 업계 전체를 주도하게 되었다. 나폴레옹 3세는 이렇게 보르도를 필두로 한 프랑스 와인 산업의 기반을 구축한 조력자로 이름을 남기게 되었다.

영국에 큰 이윤을 안겨준 고급 와인

프랑수아 고티에의 『와인의 문화사』에 따르면, 1990년에 실시한 서유럽 9개국, 1만 8,000명을 대상으로 실시한 조사에서 일상적으로 와인을 마시는 사람이 35%, 맥주를 마시는 사람이 34%였다고 한다. 서유럽에서는 와인 문화권과 맥주 문화권이 비등하게 대항하고 있는 셈이다.

이탈리아, 프랑스, 스페인에서는 와인이 우위에 서 있는 데 반해, 네덜란드와 영국에서는 와인을 전혀 마시지 않는 사람 또는 가끔 마시는 사람이 우위를 차지했다고 한다. 패권 국가로 17세기에 유럽 경제를 지배했던 네덜란드, 마찬가지로 패권 국가로 18~19세기 유럽 경제를 지배한 영국은 모두 맥주 문화권에 속했다. 네덜란드와 영국의 부르주아지는 스스로의 사회적 지위를 나타낼 필요가 있었기 때문에 희소성이 강하고 고가인 부르고뉴 와인이나 보르도 와인, 브랜디, 샴페인 등을 선호했다.

19세기 후반 프랑스에서는 포도 경작 면적이 감소했음에도 불구하고 와인 생산량은 1.8배 증가했다. 20세기에 들어서자 와인에 혼합물을 넣는 등의 부정행위를 없애고 상품 가치를 높일 목적으로 공적 규제가 가해지게 된다. 1907년에는 "와인은 신선한 포도 또는 신선한 포도 과즙을 알코올 발효시켜서 만든다"는 법령을 발표하고, 프랑스 농업성이 부정 단속에 나섰다.

소믈리에란?

상품인 와인의 품질을 보증하기 위해 프랑스에서는 와인의 등급을 매길 뿐 아니라, 보르도, 부르고뉴, 로와루, 알자스, 프로방스 등의 '원산지 명칭을 통제(AOC, Appellation d'Origine Contrôlée)'하는 규제를 만들어 엄격하게 심사한다. 그러나 일상적으로 와인을 마시는 습관이 없는 영국 등에서는 너무나도 복잡한 와인과 관련된 지식을 익히는 것이 어려웠다. 그래서 프렌치 레스토랑에는 와인에 대한 풍부한 지식을 지닌 '소믈리에(sommelier)'가 상주하며 상담해주어야 했다.

소믈리에란 원래 중세 영주가 여행이나 전쟁 길에 나설 때 식료품과 무기 등을 운반해주던 화물업자를 의미하는 옛 언어 '소말리에(saumalier)'에 어원을 둔다. 이 말이 변하여 중요한 귀중품을 보관하는 금고지기를 가리키게 되었고, 마침내 와인 창고를 관리하고 보급하는 사람을 소믈리에라고 부르게 되었다. 소믈리에는 프랑스에서는 레스토랑 와인 저장고에 있는 와인의 상태를 숙지하고, 고객의 주문과 요청에 응하는 역할을 하며 레스토랑의 권위를 나타내는 존재가 되었다. 와인 문화권이 아닌 지역에서는 이질적인 문화를 소개하는 안내인으로서의 역할을 담당하고 있다고도 할 수 있다.

보르도 출신 노벨상 수상 작가 프랑수아 모리아크(Francois Mauriac)의 『어느 인생의 시작』에는 "원래 몽테뉴의 피라고도 해야 할까, … 있는 그대로를 믿지 않는 것에 대해… 보르도 오른쪽으로 나가는 도시는 매우 드물 것이다. … 보르도 사람은 이 포도주에 대해… 거의 실수를 저지르지 않는다. 그들은 잠깐 냄새를 맡고, 두세 번 혀를 적시기만 해도 포도주의 연대와 산지, 정확한 가격을 매길 수 있다"라고 쓰여 있다. 이렇듯 문화는 몸이 기억하는 법이고, 다른 문화권의 음주 문화를 익히는 것은 그런 의미에서 매우 어렵다. 소믈리에가 필요한 이유이다.

증기선이 초래한 와인의 위기

그러나 생각지도 않은 부분에서 와인 문화가 흔들렸다. 1863년에 남프랑스의 아를(Arles)과 가까운 한 포도원에서 포도 잎이 마르고 열매가 익지 않는 현상이 발생한 지 3년 후에 포도가 바짝 말라버린 것이다. 원인은 필록세라라는 포도나무 뿌리에 생기는 진딧물이었다. 진딧물이 포도나무 뿌리의 진물을 모두 먹어 치운 것이다.

이후 필록세라는 맹위를 떨치며 25년 동안 전 유럽의 4/5에 달하는 포도원을 절멸시켰다. 이 무서운 진딧물이 갑자기 퍼진 이유는 포도나무에 생기는 질병 중 하나인 흰가루병에 견디는 튼튼한 줄기를 만들기 위해 미국에서 연구용으로 묘목을 수입했는데, 이때 필록세라라는 진딧물이 함께 들어왔던 것이다. 미국으로부터의 묘목 수입은 예전부터 있었던 일인데 이전에는 이런 사태가 전혀 일어나지 않았으므로 사람들은 의아해했다.

그러나 얼마 지나지 않아 이유가 밝혀졌다. 1860년대부터 해상 운송이 혁명적으로 변하고 포도나무 묘목의 운송 속도가 빨라진 것이 원인이었던 것이다. 범선이 증기선으로 바뀌자 단 10일 만에 대서양을 횡단할 수 있게 되었기 때문에 원기 왕성한 필록세라가 유럽에 유입되어 순식간에 퍼진 것이다. 증기기관을 이용한 철도가 개통되어 보르도 와인의 상품화가 가속화되었는데, 증기선 항로가 개통되자 필록세라가 유행해 포도를 멸절 위기로 내몬 것은, 그야말로 아이러니한 이야기가 아닐 수 없다. 근대 문명은 우리 사회에 긍정적 영향과 부정적 영향을 동시에 끼치는데, 이는 지금도 변함이 없다.

포도에 닥친 위기는 와인을 좋아하는 유럽인을 초조하게 만들었다. 인생 최대의 즐거움 중 하나를 빼앗긴 것이나 다름없었기 때문이다. 필사적인 연구를 거듭한 끝에, 1881년 보르도에서 개최된 국제 회의에서 필록세라 박멸에 효과가 있는 포도나무 유황 소독법과 필록세라에 면역력이 있는 미국계 포도 대목을 접목하는 방법 등이 보고되며 겨우 위기에서 벗어날 수 있었다.

그러나 이번에는 새롭게 포도 노균병이 유행하여 보르도의 와인은 계속된 위협에 직면했다. 19세기 말은 그야말로 와인의 수난 시기였다. 노균병에 관해서는 유산동과 생석회를 섞은 '보르도액'이라는 살균제를 만들어 문제를 해결했다. 그러나 그동안 프랑스는 전체의 1/3에 달하는 포도밭을 잃었고, 미국계 포도의 대목에 접목이 안되는 순수한 유럽종 포도가 멸절했다. 생각해보면 전통적인 유럽 와인은 그 시점에서 글로벌한 와인으로 변신을 이룬 것이 아닌가 싶다.

프랑스 와인의 위기는 와인 업자가 새로운 생산지를 찾아 세계 각지로 이주하게 만들었다. 업자의 대이동은 스페인 에브로강 상류의 리오하, 미국의 캘리포니아, 칠레의 센트럴 벨리 등지로 향했고, 이들 지역의 와인 생산과 상품화를 확대시켰다.

5

~

고흐의 인생을
파멸로 이끈 술 압생트

녹색으로 빛나는 싸구려 술

19세기 서민의 술 압생트는 높은 알코올 도수와 환각 작용 때문에 수많은 중독자를 양산했으나, 제1차 세계대전 때 모습을 감춘 환상의 술이다. 그러나 한때는 유럽을 풍미한 대중적인 술이었다.

프랑스혁명으로 유럽이 요동치던 시기에 스위스 뇌샤텔주의 쿠베(Couvet)에서 개발된 강한 리큐어가 압생트(Absinthe)이다. 향쑥의 학명(아르테미시아 압신티움, Artemisia absinthium)에서 이름을 딴 압생트는 향쑥과 아니스 등 15가지 종류의 허브를 혼합하여 발효시킨 녹색의 아름다운 술이며, 물을 첨가하면 흰색으로 탁해졌다. 악마가 천국에서 쫓겨나 인간 세상으로 내려왔을 때 우연히 어느 산속에 있는 수도원에서 이 술을 마셨는데, 너무나도 기분이 좋았기 때문에 이 술의 제

향쑥(아르테미시아 압신티움, Artemisia absinthium)

조법을 알려주었다는 전설이 퍼졌을 정도였다.

압생트는 알코올 도수가 65도에서 79도에 이르는 매우 독한 술이다. 멕시코의 데킬라가 50도, 러시아의 보드카가 40도에서 50도인 것에 비하면 압생트의 알코올 도수가 얼마나 높은지 알 수 있다. 그래서 녹색으로 빛나는 이 술을 그냥 마실 수는 없었고, 물에 타서 흰색으로 탁하게 만들어 마셨다.

압생트는 약초의 제제로 저명했던 프랑스의 의사 피에르 오디네르가 고안해내어 1797년에 업자인 앙리 루이 페르노에게 전수하였고, 페르노가 스위스 쿠베에서 페르노 필스사를 창설하며 본격적으로 제조되었다. 나폴레옹이 프랑스의 황제가 된 이듬해인 1805년에는 프랑스의 퐁타리에시에서도 양조가 시작되었다. 압생트의 좋은 향기와 아름다운 색채, 싼 가격은 삽시간에 거의 모든 계층이 사랑하는 술로 퍼져나가게 했다.

1840년대가 되자 프랑스 육군은 주로 해열제 또는 소독제로 아프리카 식민지 등에서 압생트를 이용했다. 프랑스 육군과 압생트의 관계는 네덜란드 이민자와 진, 영국 해군과 럼이 맺은 관계와 비슷하다고 보면 된다.

압생트에 심취한 베를렌

1860년대 이후 프랑스 포도밭에 필록세라가 만연하여 포도밭의

3/4이 괴멸되었다. 와인 가격은 엄청나게 급등하였고, 서민에게 와인은 그림의 떡이 되었다. 이 사태 때문에 값싼 압생트에 물을 타서 마시는 서민이 급격하게 늘어났다. 그러나 점차 독한 술 압생트에 익숙해졌고, 섞는 물의 양이 점차 줄어들었다. 결국 일상적으로 독한 술을 마시는 이들이 늘었고, 알코올 중독이 확산되었다.

압생트 상음자 가운데 중독자가 늘자, 노동 의욕 감퇴, 범죄 양산 등의 사회 문제가 빈발했다. 압생트를 애용한 예술가로 모파상, 베를렌, 고갱, 모네, 드가, 피카소, 헤밍웨이 등이 유명한데, 섬세한 시인으로 알려진 베를렌(Verlaine, 1844~1896)과 술집을 좋아하여 무희나 관객의 모습을 즐겨 그린 화가 툴루즈 로트렉(Toulouse-Lautrec, 1864~1901) 등은 압생트 중독으로 비참한 생애를 마감했다. 고흐(Gogh, 1853~1890)도 자화상을 그릴 때 방해가 된다며 왼쪽 귀를 절단하거나 수차례 자살을 시도했는데, 이런 행동도 압생트를 수시로 마셔 정신 이상을 일으켰기 때문이라고 보고 있다.

도시에 압생트를 마시고 환각을 보거나 착란 증세를 일으키는 사람이 늘어나자, 평상시에는 도저히 생각할 수 없는 범죄가 속출했다. 압생트에 중독성이 있어 인간의 정신 활동에 이상을 초래한 것이 아닐까 하는 의심이 생겨 조사한 결과, 압생트의 주원료인 향쑥에 함유된 화학 성분이 인간의 신경에 유해한 영향을 끼치고 중독 증상을 촉진한다는 결론이 내려졌다.

제1차 세계대전으로 모습을 감춘 압생트

제1차 세계대전(1914~1918)이 시작되자 프랑스 정부는 압생트가 국민의 정기를 빼앗아 간다고 보고 1915년 3월 1일에 음용을 금지했다. 압생트가 불임을 유발하여 인구 감소로 이어질 것이라고 생각했기 때문이었다. 이러한 일련의 사태를 겪고 난 뒤, 프랑스에서는 잠시 수요가 감소했던 와인이 다시 기세를 찾았다고 한다. 스위스에서도 국민 투표 결과, 압생트 제조가 금지되었고 이탈리아에서도 마찬가지였다.

현재는 압생트의 풍미를 이어받은 술 '파스티스(pastis)'가 제조되어 프랑스의 국민적 알코올음료로 소비되고 있다. 파스티스는 압생트와 '비슷하게 만들다(스 파스티제, se pastiser)'라는 의미로, 문제가 된 향쑥을 빼고 아니스를 주성분으로 만든 것이다. 페르노사에서도 향쑥의 잎과 봉우리를 그늘에서 말린 것을 사용하여 45도와 68도 두 종류로 '페르노'란 술을 내놓고 압생트의 유사품으로 판매하고 있다. 페르노는 물을 섞으면 흰색으로 탁해지지 않고 녹색을 띤 노란색으로 변하는 특색이 있다.

6

알 카포네의 암약을 자극한 금주법

술이 없는 '황금의 1920년대'

제1차 세계대전은 전장이 된 유럽을 몰락시키고, 미합중국은 어부지리로 세계 최대의 채권국이 되어 번영을 구가하게 되었다. 이른바 '팍스 아메리카나(Pax Americana, 미국의 시대)'가 시작된 것이다. '황금의 1920년대'로 불리는 경제적 번영을 배경으로 가정마다 전기가 들어오고 저렴한 T형 포드의 양산으로 국민 다섯 명 중 한 명이 자동차를 소유하게 되었다. 사람들은 할리우드 영화와 재즈, 라디오에서 중계되는 프로 스포츠를 즐기며 급변한 생활을 만끽했다. 이 시대의 미국인은 다른 건 몰라도, 그들이 누구라도 필요한 물건을 손에 넣을 수 있게 된 경제적 민주주의를 실현시킨 장본인이라고 자부했다. '아메리칸 웨이 오브 라이프(American Way Of Life, 미국적 삶)'라는 대량 생산과 대량 소비를 축으로 한 대중 소비 사회가 모습을 드러냈다.

그러나 시점을 달리하면 '격동의 1920년대(The Roaring Twenties)'라는 말이 있듯이, 대중 소비 사회를 낳은 이 무렵은 1929년 세계 공황으로 이어지는 파란만장한 시대이기도 했다. 또한 1920년대는 1919년에 제정된, 알코올 도수 0.5% 이상 주류의 음주를 금지하는 금주법(1919~1933)이 시행되어 공식적으로는 미국 내에서 술이 사라진 시대이기도 하다.

금주법 제정의 선두에 섰던 사람들은 앵글로색슨계 프로테스탄트를 중심으로 하는 '금주당(Prohibition Party)'이었다. 그들은 금주법으로 술이 없는 도덕적인 미국을 실현할 수 있다는 몽상에 사로잡혀 있었다. 공전의 호황으로 후끈 달아오른 물건이 넘쳐흐르던 대량 소비 사회 미국에서 1920년부터 1933년까지 14년에 걸쳐 음주가 금지되었다니, 재미있는 일이다. 공식적으로는 알코올음료가 빠진 번영이었다. 그러나 대중은 여전히 술을 원했고, 술을 공급하는 무법자의 세계가 일거에 비대해졌다. 금주와 대량 소비 사회라는 미스 매치가 숱한 일화를 만들었음은 물론이다.

불법 술집과 '라이언의 소변'

제1차 세계대전 기간 중에는 금주당을 필두로, 술집(살룬, saloon)에 드나들며 가산을 탕진하고 폭력을 일삼는 남편들에 화가 난 여성들이 조직한 '술집반대동맹(ASL, Anti-Saloon League)'이 '술은 모든 악덕의 근원'이라는 슬로건을 내걸고 금주 운동을 전개하였다. 마침내 1919년 1월에 주류의 제조와 판매 및 운반을 금지한 수정헌법 제18조가 비준되었고, 그해 10월에는 세부 규칙을 담은 '전국금주법(the National Prohibition Act)'이 연방의회를 통과했다.

그러나 이 법은 허점투성이였다. 1920년 1월 당시, 불법을 적발할 단속관의 수가 전국적으로 고작 1,520명에 지나지 않았고, 법률 발효 이전에 사재기한 술은 단속 대상도 아니었다. 거기에 더해 '밤의 대통령'이라는 별명이 붙은 알 카포네(Al Capone, 1899~1947, 볼에 나이프 자국이 있어 스카페이스라고도 불렀다) 등의 마피아가 밀주 제조와 불법 술집(스피크이지, speakeasy) 운영으로 악명을 떨치기 시작했다. 이들은 경찰과 FBI를 등지고 치열한 항쟁을 전개했다.

당시 경제는 여전히 공전의 활황을 구가하고 있었고, 그런 시대에 술이 빠질 수는 없었다. 금주법이 시행되기 전 뉴욕의 술집은 1만 5,000개 정도였는데, 법 시행 이후 오히려 3만 5,000개의 불법 술집이 생겼다. 마시지 말라고 하면 반대로 더 마시고 싶어지는 인간의 본능도 이 기묘한 현상을 부추겼을 것이다. 그 무렵 비밀스럽게 마셔댄 연간 알코올 소비량은 도수 높은 하드 리큐어(Hard liquor)가 2억 갤런, 맥주 등의 소프트 리큐어(Soft liquor)가 6억 8,000만 갤런, 와인이 1억 2,000만 갤런에 달할 것으로 추측되고 있다.

마피아 보스로 이름을 날린 알 카포네는 시카고의 갱, 조니 트리오에게 술 밀조와 밀매, 도박과 매춘 조직을 이어받아 암흑의 지배자가 되었다. 그는 700명의 부하를 거느렸으며, 161곳의 불법 술집 경영, 묘지 등지에서의 '라이언

미국 사법부의 알 카포네 사진

의 소변'이라는 이름의 악질적인 밀주 제조, 캐나다로부터 고급 위스키 밀수 등을 감행하여 1927년 한 해에만 1억 5,000만 달러의 수입을 벌어들였다.

알 카포네가 국회의원, 재판관, 경찰 등을 매수하여 이권 독점을 꾀하고, 기관총이나 피스톨을 사용하여 갱 간의 화려한 항쟁을 반복할 때 '성 밸런타인데이의 학살(St. Valentine Day massacre)'이 일어났다. 이 사건으로 1929년에만 500명의 갱이 목숨을 잃었다고 한다. 이 해는 세계 공황이 발발한 해이기도 하다. 이윽고 알 카포네는 체포되어 1931년에 탈세죄로 11년의 형을 선고받았다. 1939년에 가석방되었을 때는 매독으로 신체의 자유를 누릴 수 없었다고 한다.

금주법은 세계 공황 이후 의기소침해진 미국인의 원기를 북돋아 줄 필요가 있다는 판단하에, 1933년 프랭클린 루스벨트 대통령(재임 1933~1945)의 손으로 폐기되었다.

거대 위스키 시장을 노려라

1933년 연방 의회는 금주를 규정한 수정헌법 제18조를 무효화하는 수정헌법 제21조를 가결하였고, 12월 5일 루스벨트 대통령이 전국금주법을 폐지했다. 13년 10개월 19일간의 '술 없는 시대'에 마침표가 찍혔다. 오랜 기간 합법적인 술 생산이 정지되었던 미국은, 술 양조업자가 군침을 흘리는 거대 시장이 되어 있었다. 하지만 위스키를 숙성시키려면 수년의 시간이 필요하기에 미국 국내에 위스키 산업이 육성될 때까지는 상당한 시간이 걸렸다.

그런 상황에서 금주법 폐지를 예상하고 발 빠르게 움직인 사람은 캐나다 업자였다. 그들은 이미 금주법 시대에 미국에 대한 위스키 공급 기지로 미국이란 거대 시장을 실질적으로 지배하고 있었는데, 이제부터는 당당하게 판매할 수 있게 된 것이다.

'캐나디안 위스키(Canadian Whiskey)'는 캐나다의 영국 식민지에서 곡물 과잉 생산으로 골머리를 앓던 제분업자가 증류한 것이 시초이다. 이후 물이 풍부한 호수 주변에 양조소를 차리고 양은 적지만 꾸준히 제조를 계속하던 캐나다의 위스키 산업에 하늘이 도운 기회가 찾아왔으니, 바로 육지로 이어진 대국 미국에서 시행된 금주법이었다. 1920년대 미국은 건국 이래 최대 호황기를 누리고 있었다. 캐나다의 위스키 업계는 미국의 비합법적인 대량 수요에 부응하며 비약적인 성장을 이루었다.

금주법이 폐지될 조짐이 보이자 캐나다의 주조업자는 발 빠르게 행동에 나섰다. 미국의 위스키 산업이 부활하기 전에 한 발 앞서 거대 시장을 장악하려는 의도였다. 그중 대표적인 인물이 조셉 E. 시그램으로, 1934년 가을에 '시그램 세븐 크라운(Seagram's seven crown)'이라는 순한 맛의 블렌디드 위스키를 미국에 출시했다. 알코올에 굶주려 있던 미국인은 너 나 할 것 없이 달려들어 맛을 음미했고, 현재에 이르기까지 미국에서 널리 사랑받는 위스키가 되었다. 그 외에 캐나디안 위스키를 대표하는 술로 '캐나디안 클럽(약칭 CC)'을 들 수 있다.

미국에 도착한 범선 커티삭

영국의 '스카치'도 가만히 있을 수 없었다. 런던의 위스키 제조업자 프랜시스 베리도 절호의 기회를 놓치지 않고 대세에 오른 승자에 되었다. 그는 미국인이 좋아하는 순한 위스키를 블렌드하였고, 친구인 화가 맥베이에게 부탁해 범선이 그려진 노란색 라벨을 만들어 붙여 '커티삭(Cutty Sark)'이라고 명명해 출시하였다. 커티삭은 중국으로부터 홍차를 운송하던 한 쾌속 범선(티 클리퍼, tea clipper)의 이름이었다. 공백 상태인 미국 시장에 한 시라도 빨리 위스키를 선보이고 싶어서 떠올린 이미지였는지도 모르겠다. '커티삭'은 현재도 미국에서는 'J&B', '블랙 앤드 화이트(Black & White)'와 함께 세 손가락 안에 꼽히는 대표적 위스키이다.

커티삭과 관련하여 조금 더 배경을 살펴보면, 1842년에 아편전쟁에 승리한 영국이 대량의 아편을 공공연하게 중국에 실어 나르고 대신에 홍차를 수입하던 역사가 있다. 매년 새로운 홍차가 나올 시기가 되면, 상인들은 제일 먼저 차를 운반해 와서 새로운 차를 학수고대하던 영국 시장에 높은 가격으로 팔기 위해 안간힘을 썼다. 그들은 상금을 걸어 홍차를 싣고 영국으로 오는 '티 클리퍼' 간에 속도 경쟁을 붙였다. 1866년에는 중국 푸젠항을 출항한 17척의 클리퍼 선이 경쟁에 참가하였다. 그 가운데 3척이 99일 동안 평균 7노트(1노트는 1.85km/h)로 푸젠과 런던 사이를 주파했다. 범선이 낼 수 있는 최고 속도가 14에서 15노트이므로, 실로 경이적인 속도였다.

'커티삭호'는 '바다의 귀부인'이라고 불리며, 전체 길이 약 85m, 폭 약 9m의 황홀할 정도로 빠른 속도를 자랑하던 배였다. 배 이름의 유래는 스코틀랜드 민요에 등장하는 마녀 나니의 '짧은 속옷(스코틀랜드 게릭어 Cutty Sakr)'에서 왔다.

7

글로벌 사회와 칵테일 문화

글로벌 시대의 새로운 발상

20세기는 두 번의 세계대전을 치르던 중에 미국의 압도적인 우위가 확립된 시대였다. 미국의 주도 아래 1970년대 이후 하이테크 혁명이 진행되었고, 이어서 정보 혁명, 제트기 네트워크 형성, 컨테이너 혁명 등 다채로운 세계화의 양상이 전개되었다. 전 지구적으로 여러 문화와 문명이 어우러지던 가운데, 술 문화도 예외가 아니었다. 운송 수단의 발달로 여러 나라의 다양한 술을 간단히 손에 넣을 수 있는 시대가 된 것이다.

이러한 시대를 이끈 미국에서 18세기 말 무렵 칵테일 음용법이 등장하였고, 제1차 세계대전 이후에는 전 세계로 퍼져나갔다. 칵테일은 위스키, 진, 보드카 등 알코올 도수가 높은 술에 여러 가지 다른 술이나, 리큐어, 과즙, 시럽, 계란, 주스 등을 첨가하여 셰이커로 교반한, 밸런스를 맞춘 다양한 조합을 즐기는 술이다. 종류는 크게 두 가지로 나뉘는데, 다리가 달린 칵테일글라스에 술을 따른 뒤 시간을 오래 끌지 않고 바로 마시는 '쇼트 칵테일(쇼트 드링크)'과 대형 글라스에 따른 술에 얼음을 넣어 오랫동안 차가운 상태를 지속시키거나 따뜻함을 유지하는 '롱 칵테일(롱 드링크)'이다.

칵테일은 서로 다른 배경을 지닌 세계 각지의 술이나 음료를 혼합하여 교반한 뒤 그때까지 맛볼 수 없던 맛과 향을 만들어내는 술인데, 이러한 발상은 합리적이면서도 인공적인 미국의 문화적 풍토와 잘 매치된다. 말하자면 술이 요리로 승화하여 놀이가 된 새로운 문화인 것이다. 다양한 술 문화가 어우러진 칵테일은 '샐러드 볼'처럼 이질적인 여러 문화가 병존하는 이민자의 나라 미국이기에 등장할 수 있었던, 특유의 음주법일지도 모르겠다.

소재가 된 각 나라의 술과 문화는 정체성을 유지한 채 상대적으로 혼합되어, 그 접점에서 칵테일이라는 새로운 세계를 펼쳐냈다. 그러나 세계화를 상징하는 이 음주법은 새롭고 다양한 알코올음료를 창조하여 즐거움을 안겨주었지만, 천천히 음미하면서 술을 맛보는 깊이 있는 음주가 어렵다는 단점이 있다. 모든 일은 항상 다면적이어서, 장점이 있으면 단점도 있기 마련이다.

오늘날 칵테일은 보드카, 진, 데킬라, 위스키, 럼, 브랜디, 리큐어, 와인, 맥주, 소주 등을 기본으로 하여 만든다. 식재료와 조미료를 조합하여 만드는 요리와도 같은 발상이므로, 각각의 감각을 살린 무수히 많은 칵테일을 만들어낼 수 있다. 현존하는 칵테일은 같은 이름을 가진 것만 2천 종류, 세분하여 세어보면 2만 종류에 달한다고 한다. 새로운 착상을 바탕으로 하여 매일 새로운 칵테일이 탄생하고 있다.

칵테일 탄생의 수수께끼

칵테일의 기원에는 여러 설이 있는데 어떤 이야기가 진짜인지는 모른다. 그러나 18세기 후반에 탄생한 음주법이라는 사실은 틀림없는 것 같다. 칵테일 탄생 이야기 중 몇 가지를 소개하려고 한다.

첫 번째 설은 칵테일과 미국 독립전쟁(1775~1783)이 관련 있다는 것이다. 독립전쟁 당시, 버지니아 기병대 소속의 아일랜드계 청년 패트릭 후라나건이 그만 전사하고 말았다. 신혼이었던 그의 아내 베티는 슬픔에도 불구하고, 1779년에 기병대가 윈체스터로 이동했을 때 그곳에 술집을 열어 병사들에게 각종 술을 조합하여 싼값에 제공하며 사기를 북돋웠다고 한다.

어느 날 베티는 독립에 반대하는 왕당파의 집에 숨어들어 가, 주인이 소중하게 기르던 꼬리 깃털이 아름다운 수탉을 훔쳐 조리하고 병사들에게 대접했다. 식사를 끝낸 병사들이 술집에 들어섰을 때 술을 조합하던 베티에게서 병사들의 눈에 익은 수탉의 꼬리(cocktail) 깃털이 장식되어 있는 모습이 보였다. 병사들은 그들이 먹은 것이 왕당파 지주의 수탉이었다는 사실을 깨닫고, 왕당파 지주가 자랑하던 닭고기를 술안주로 삼으며 술을 마셨다는 사실에 가슴이 후련해졌다. 이렇게 해서 칵테일은 독립전쟁에서 싸운 병사들을 고무시키는 술이 되었다고 한다. 미국의 탄생과 연관 지은 이 칵테일 기원설은 어쩌면 지나치게 각색된 것일지도 모르겠다.

다른 한 설은 18세기 후반에 아이티섬 동부의 산도밍고에서 주민의 반란이 일어났을 때 미시시피강 하구의 항구 도시 뉴올리언스(New Orleans)로 이주해 온 술집에서 계란 노른자를 넣은 술을 판매했는데, 이것이 좋은 평판을 얻어 칵테일이 되었다는 것이다. 뉴올리언스는 '새로운 올레안시(市)'라는 의미로, 프랑스령 미국의 초대 총독이 된 올레안공의 이름에서 따온 것이다. 뉴올리언스는 프랑스인이 대부분인 도시로, 주민들은 이 새로운 계란 술을 프랑스어로 계란 담는 그릇을 뜻하는 '코크티에(coquetier)'라고 부르며 애용했다. 이 말이 변하여 칵테일이 되었다고 한다.

아즈텍 제국에 기원을 둔 설도 있다. 1519년경, 멕시코 고원 아즈텍 왕국의 왕에게 원주민 토르테카인이 신기한 혼성 음료를 만들어 미녀 코키토르를 통해 헌상했는데, 평가가 매우 좋았다. 이후 그 아가씨의 이름을 따서 음료의 이름을 '코키토르'라고 부르게 되었다는 설이다.

그럴듯하게 만든 이야기와는 별개로, 칵테일의 기원에 관한 가장 유력한 설은 믹스 드링크를 만들 때 사용한 나뭇가지가 수탉의 꼬리를 닮았기 때문이라는 단순한 이야기이다. 하지만 이래서는 너무 재미가 없다.

실제로 칵테일의 기원으로는 17세기 인도 왕실에서 즐겨 마시던 것이 18세기에 유럽 사교계로 건너가 세력을 넓힌 펀치(Punch)가 유력하게 꼽힌다. 펀치의 어원은 힌디어인 '폰추'로 '다섯 가지'를 의미한다. 말 그대로 물, 설탕, 술, 라임 과즙, 향신료 등 다섯 종류의 재료를 조합하여 만든 음료수였다. 후에는 여기에 각종 과일을 추가하는 한편, 알코올을 뺀 '프루트펀치'라는 디저트도 나왔는데 프루트펀치도 처음에는 알코올음료였다. 펀치는 술에 설탕, 과즙, 향신료 등을 조합하여 알코올음료를 맛있게 만드는 것이 특색이다. 말하자면 술에 요리 방법을 접목한 것이다. 이러한 음주법은 술 문화의 세계화와 방향성이 같고, 이민의 나라 미국에서 칵테일이 발달한 것과 관련을 찾을 수 있다.

콜드 칵테일의 탄생

남북전쟁이 한창일 무렵 링컨 대통령이 발표한 '자영 농지법(홈스테드법, Homestead Act)'은 5년 동안 서부 개간에 종사하는 사람에게 무상으로 160에이커(약 20만 평)의 토지를 공여하는 것을 주 내용으로 한다. 이 때문에 전후에 막대한 수의 이민자들이 유럽 각지로부터 미국으로 몰려들었다. 미국은 급격하게 팽창하였고, 여러 음주 문화가

칼 폰 린데

섞이게 되었다. 이처럼 다양한 술을 믹스하여 여러 복합주를 만들 때 중요한 조건 중 하나가 제빙 기술의 진보였다.

차가운 칵테일(콜드 칵테일)이 만들어진 때는 미국이 급격하게 팽창하던 19세기 후반의 일이었다. 1879년 뮌헨 공업대학의 교수 칼 폰 린데(Carl Von Linde, 1842~1934)가 암모니아 고압 냉동기 연구를 실용화하여 인공 제빙기를 발명했다. 사계절 내내 저렴한 얼음을 이용할 수 있게 된 것이다. 그러나 아직 과일 주스가 대량으로 생산되지 않을 때였다.

19세기 말 프랑스에서는 압생트가 지배적인 술이었고 칵테일은 주요 신흥국인 아메리카에서 보급된 술이었다. 고유의 음주 문화를 가지고 있지 않고, 많은 민족이 유입되어 섞인 이민 국가 미국은 술에 대해 관용적이었으며, 기존의 알코올음료를 조합하여 새로운 음료를 만들거나 새로운 음주법을 연구하는 데 열심이었다. 그러나 주스 보급이 충분하지 않아, 맨해튼과 마티니처럼 술로만 만드는 칵테일이 여왕과 왕의 지위를 차지했다.

제1차 세계대전과 칵테일의 세계화

　제1차 세계대전은 미국군이 전쟁 말기에 참전하면서 결착되었다. 유럽에 파견된 많은 미국군 병사가 칵테일 문화를 유럽 각지로 확산시켰다. 또한 미국에서 금주법이 성립되자 많은 바텐더가 직장을 구해 유럽으로 건너오면서 아메리칸 스타일의 음주 문화를 유럽에 소개했다. 당시 미국에서는 라디오 네트워크가 급속하게 보급되어 재즈가 유행했는데, 이러한 미국의 대중 소비 문화와 함께 미국의 음주 문화가 유럽으로 퍼졌다.

　또한 총력전 양상을 띤 제1차 세계대전은 후방에서의 무기 생산을 여성에게 의존할 수밖에 없어 전후에는 여성의 사회 진출이 실현되어 술집에도 갈 수 있게 되었다. 따라서 순한 이미지의 칵테일 음료에 대한 수요가 높아졌다. 거기에 금주법으로 인하여 미국에서는 감시관의 눈을 피해 지하에서 불법으로 영업하는 술집에서 몰래 칵테일을 즐기거나, 마치 책장처럼 보이는 칵테일 툴(홈바)을 설치하여 가정에서 비밀스럽게 칵테일을 즐기고는 했다. 제2차 세계대전 이후에는 술 문화의 세계화가 단숨에 진행되어 다양한 칵테일이 등장하였는데, 특히 주스나 리큐어, 과일 등을 절묘하게 섞은 도수 낮은 칵테일이 많이 탄생하였다.

칵테일을 대표하는 맨해튼과 마티니

위스키에 베르무트 스위트(Vermouth Sweet), 앙고스투라 비터스(Angostura bitters)를 혼합하여 빨간 체리를 담은 '맨해튼(Manhattan)'은 미국인이 좋아하는 칵테일이다. 맨해튼은 제19대 대통령 선거 후원회가 뉴욕 맨해튼 클럽에서 개최되었을 때 처칠 전 수상의 어머니가 아이디어를 내어 대접한 칵테일이라고 한다.

떠들썩하고 눈부신 성공의 기회로 가득 찬 뉴욕은 미국인에게 있어서 아메리칸 드림으로 이어지는 영광의 도시이며, 그 중심에는 맨해튼섬이 있다. 전 세계 자금의 2/3가 모인 뒤 다시 전 세계로 투자하는 세계금융센터가 있는 화려한 맨해튼의 이미지가 담긴 칵테일은 미국인의 기호를 충족시켰을 것이다.

맨해튼이 '칵테일의 여왕'으로 불리는 데 반해 '칵테일의 왕'은 마티니(Martini)이다. 진과 베르무트를 혼합한 마티니는 이탈리아의 베르무트 회사 '마티니 앤 로시(Martini & Rossi)'의 이름에서 유래했다는 설과, 영국군이 쓰던 강력한 소총 마티니-헨리(Martini & Henry)에서 비롯했다는 설이 있다. 그 밖에 캘리포니아주의 마티네스(Martinez)라는 마을의 술집 바텐더가 금광 채굴권을 따내려고 만든 것이라는 설도 있는데, 정확한 사실은 알 수 없다.

금주법을 폐지한 루스벨트 대통령은 마티니를 사랑한 사람 중 하나였다. 루스벨트 대통령과 연관되어 마티니는 권력자가 선호하는 칵테일이라는 지위를 확립하고 '칵테일의 왕'이 되었다. 전 세계에서 250가지 이상의 마티니 레시피가 있다고 하니, 엄청난 술이 아닐 수 없다.

1943년 테헤란 회담을 할 때 루스벨트는 자신이 애호하는 마티니를 소련의 스탈린과 영국의 처칠에게 제공했다. 이때 감상평을 묻자, 스탈린이 "맛은 있지만 배가 차갑다"라고 답했다는 유명한 일화가 있다.

차가운 음식 문화와 연동된 차가운 술 문화

제2차 세계대전이 끝나자 술 문화는 전 세계를 아우르는 규모로 교류되었고, 칵테일 역시 다양한 모습으로 변주되었다. 주스, 리큐어, 과일 등을 절묘하게 섞은 도수 낮은 술 칵테일은 차가운 얼음이 사용되면서 더욱 많은 종류가 탄생하였다. 주스나 청량음료 등 단맛이 나는 차가운 음료가 대량으로 유통된 점과 소주 등 각지의 지역적인 술이 세계화된 점도 칵테일의 지평을 확실히 넓혀주었다. 지금도 세계 각지에서 새로운 칵테일이 속속 등장하고 있는 만큼, 칵테일의 종류는 무려 2만여 종을 헤아리게 되었다. 세계화는 물자, 사람, 돈, 정보를 지구 규모로 이동시켰고, 술 문화 역시 이에 따라 새로운 수준에 도달하였다.

20세기 후반 이후, 냉장고를 매개로 한 콜드 체인(Cold Chain) 기술의 보급으로 냉장 혹은 냉동된 식재료가 대양을 넘나들면서 '차가운 음식 문화'가 한 시대를 풍미하고 있다. 술 역시도 차갑게 해서 마시는 경향이 강해졌고, 칵테일과 같은 여러 종류의 술을 조합하는 시도도 활성화되었다. 이는 음식 문화 변화와 궤를 같이하는 것이라고 생각된다.

이상으로 바의 카운터 앞에 펼쳐진 술 선반에 담긴 이야기를 일단 끝냈다. 다양한 라벨을 붙인 술병은 마치 세계 지도를 그려놓은 듯 가지런하게 어깨를 맞대고 있다. 그 모습은 이질적인 존재의 공존을 뜻한다. 인류의 역사는 이 늦은 시간, 이런 장소에서도 확인할 수 있구나 하는 생각에 조용히 잠긴다.

처음읽는 술의 세계사

초판 31쇄 발행 2023년 4월 8일
개정판 1쇄 인쇄 2023년 7월 24일
개정판 1쇄 발행 2023년 7월 31일

저자 미야자키 마사카츠
역자 정세환

펴낸이 이효원
편집인 고준
마케팅 추미경
디자인 별을 잡는 그물 양미정(표지), 기린(본문)
펴낸곳 탐나는책
출판등록 2015년 10월 12일 제 2021 - 000142호
주소 경기도 고양시 덕양구 삼송로 222, 101동 305호(삼송동, 현대혜리엇)
전화 070-8279-7311 **팩스** 02-6008-0834
전자우편 tcbook@naver.com

ISBN 979-11-93130-09-4 (03900)